道元禅師の周辺にて

大谷哲夫

目次

第1章

道元禅師の周辺にて

――あくなき求道心――

中国・天童山にある「日本道元禅師得法霊蹟碑」。1980年秋に建てられた。揮毫は永平寺第76世秦慧玉禅師

（はじめに）

平成26（2014）年は、臨済宗建仁寺派大本山である京都の建仁寺を開いた栄西禅師（千光祖師）の八百年大遠諱に当たり、同年4月から5月にかけて盛大に記念法要が営まれた。栄西禅師は仁安3（1168）年と19年後の文治3（1187）年の2度にわたって入宋し、2度目は求法巡礼のためにインド行きをめざしたが果たせず、天台山万年寺の虚庵懐敞禅師に参禅し、師が淳熙16（1189）年天童山景徳寺の23世として晋住するに随侍し、紹熙2（1191）年印可証明された。栄西禅師は臨済宗黄龍派の禅を嗣承したうえで、建久2（1191）年7月に帰国し、わが国に初の臨済禅を将来した。また、日本における茶の祖としても知られる。

道元（どうげん） 1200～1253年　日本曹洞宗の祖。父は久我通親、母は藤原家の伊子（いし）とされる。道元が8歳の時に母の死に遭遇し、強い無常感を感じ、のちの出家に至ったとされる。主著に『正法眼蔵』『永平広録』『普勧坐禅儀』『宝慶記』など。

日本曹洞宗の祖である道元禅師との関係については古くから論じられてきた。特に、相見の問題については未だに決着していない。相見をなしとする見解がある一方、「道元禅師の生涯を俯瞰すると、相見を認めた方が実に自然」という論説もある。「相見あり」と見る一人が、宗学者で元駒澤大学総長の大谷哲夫氏である。栄西禅師とその高弟の明全和尚、そして道元禅師の関係について、そこに潜む数々の問題を繙きながら大谷氏が答える。

（太字は編集部）

相見はあった

大谷哲夫氏は、道元禅師の語録であり説法録である『永平広録』

栄西（えいさい、ようさい）1141〜1215年　日本における臨済宗の祖。28歳と47歳の2度、宋に渡る。禅宗に出会い、万年寺の虚庵懐敞のもとで臨済宗黄龍派の禅を修行しその法を受け継いで帰国。74歳の時に道元と相見したと言われる。その時に弟子の明全を紹介。

研究の第一人者。明治以降、『正法眼蔵』一辺倒であった道元研究に対し、40余年にわたって『永平広録』の意義を訴えてきた。著書『永平の風』（文芸社）は両書の研究を融合させた一大試論でもある。小説の体裁を取ってはいるが、曖昧だった史実に切り込み、新たな道元像を描出した。その意味で、極めてノンフィクションに近い。
そこで開示された一つが、栄西禅師との相見をありとする論である。

「相見」には、対面する、という意味と、禅門では、その相見に参学の意味を加えることがあるが、結論を先取れば、道元禅師は栄西禅師に相まみえていることは確実でしょうし、その宗旨の幾分かは示唆されてはいるでしょう。そのように捉えた方が道元禅師の生き様の求道精神の筋道が通るのです。鎌倉期は、身分・立場によって身の周りの事柄が動き、決定する時代です。それは、人の繋がり、人間関係の現れに他なり

虚庵懐敞（こあんえしょう）生没年不明　臨済宗黄龍派の僧で栄西禅師の本師。天台山万年寺や天童山景徳寺に住し黄龍派の禅を説いた。

ません。道元禅師は当時、顕密無双の碩学で浄行持律の高僧と言われた比叡山の第70世公円座主より戒を受け、仏教教理の基本・天台密教を学びます。後に天台宗の流れを汲む園城寺の公胤僧正のもとに身を寄せます。公胤僧正は道元禅師と同じ村上源氏の出身で、鎌倉幕府成立後は源氏将軍家の篤信を得て、しばしば鎌倉に請ぜられ、時の内大臣（久我）通親と親交のあった人物です。道元禅師にとってはいわば外戚にあたります。道元禅師は、その公胤僧正から直に栄西禅師にまみえるよう勧められるわけです。その時、栄西禅師は最晩年でしたが、そもそも生きて建仁寺に滞在しているという確証がなければ相見の勧めなどはあり得ません。「弁道話」巻に、栄西禅師との相見の話が見えないからといって否定したり、公円や公胤への参学の記事がないからといって、それらの故事を否定するのは妄断です。

当時の世の倣い、個人個人の繋がり、資料の現実的な理解、それらを

公円（こうえん）1168〜1235年　道元が比叡山に入ったときの天台座主（第70世）で、出家する時の師。

深めていくと、自ずと一筋の道が見えてくるのです。ただ、栄西禅師の年齢からして親密な学問の薫陶は受けていないと思われます。時に栄西禅師74歳、明全和尚31歳、道元禅師15歳。栄西禅師は建保3（1215）年7月5日に示寂されているとすれば、その相見は7月5日以前ということになる。そして、その示寂の地は京都でなければおかしいのです。その相見で肝心だったのは、後に述べるように、南泉晋願の語をもって、いささか臨済の家風を示したこと、さらに重要なのは栄西禅師が高弟の明全和尚に引き合わせたこと。つまり、道元禅師の心境を見抜き、入宋に繋がる道を開いたことなのです。その宗風の学習は、先師である明全和尚の薫陶でしょう。

近代の学問は、文献・資料に残っている内容のみを史実と認める傾向にあります。確かに、そうした書誌的手法による歴史の解明は非常に現実的であり、確証的ではあり、当然ながらそれに異を唱える者では決し

公胤（こういん）1145～1216年　天台寺門派の園城寺長吏。道元と同じ村上源氏出身。道元15歳の時(1214)、公胤を訪問。その際に栄西禅師を紹介する。

てないのですが、それのみで本当の史実、いってみれば表面的ではあるが、対外化されていない文献に残らない生きた歴史を繙き得るのか、と忸怩たる思いに駆られることがしばしばあります。私は、伝記資料の語句の文献的で語学的な解釈が恣意的に先行して、伝記成立の基本的で歴史的な背景の考察が十分になされていないと思う場合もよくあります。たとえば、当時の社会事情や文化を背景とした、人と人の繋がりとその関連や事績から浮かび上がってくる真実も当然あるのです。そのようなことは文献にないからといって一概に切り捨てたり無視はできません。「ある」という歴史的事実は文献の上では証明できたとしても、「ない」という事実を文献の上から証明するのは極めて困難なのです。ですから、学術論文ではなく、推論的考察などをするのですが、果たして推論の上に最もらしい類推を重ねて愚考し、それが歴史的事実かというと、必ずしも事実とは全くかけ離れている場合もあるのです。

明全（みょうぜん）1184〜1225年　比叡山の明融に学ぶも、栄西禅師のもとで臨済宗黄龍派の菩薩戒を受戒。道元禅師の青年期（18〜26歳）共に過ごす。共に入宋。病没の直前、道元禅師に『栄西僧正記文』を授ける。

道元禅師の父は誰か

本論の前に、道元禅師の出自をめぐる論争についても触れたい。かつて、道元禅師の父は村上源氏の全盛を築き、当時の政界で大変な実力者であった源(久我)通親とされていた。しかし、そうすると道元禅師は通親が52歳の時の子となる。そのため、通親の子であり、道元禅師の異母兄である久我通具も父親候補として有力視されていた。近年は、通具説に重きが置かれ、曹洞宗関連の出版物でもこちらを採用しているものがある。

大谷氏は、この見解についても異を唱える。道元禅師の入宋前後の行動から、父親は従来通り通親であるという。その根拠として、通具が『永平広録』に「育父」として明記されている点を指摘する。

南泉普願(なんせんふがん) 748〜834年　馬祖道一の法嗣。百丈懐海・西堂智蔵と共に馬祖下の三大士と称される。「南泉斬猫」の公案で知られる。

道元禅師の父は通親か通具か。最近の動向は、通具と見做す論者が多いようです。が、その説は必ずしも定説として確定しているわけではありません。私は、通具説の究明成果を否定する者ではないが、しかし、その根拠を探れば探るほど曖昧で論証しきれない部分が多いので、私はその説は推論の上の推論に思えてしかたがないので、どうしても従来の通親説になります。その論証はいずれの機会にゆずりますが、今は、別の角度からその二～三を見てみたいと思います。

通親は、権謀術数に長けた政界の有力者でした。一方の通具は通親の次男で『新古今和歌集』の撰者であったように、政治家というよりも文化人としての様相を強く具えています。道元禅師は流麗な文章を紡ぎ、いくつもの優れた道詠を詠出していますから、政治家の子息というより文人・歌人の子と見られても不思議ではありません。しかし、通親も和歌所寄人に任じられ、後の『新古今和歌集』編纂に通じる新しい勅撰和

久我通親（こがみちちか）1149～1202年　平安末期から鎌倉初期にかけての公卿。政治家として権勢を振るった。52歳の時に生まれたのが道元。ただ近年は、異母兄の通具を道元の父とする論もある。

歌集の計画を主導した人物でした。また、同和歌集には通親作詠の和歌が多数掲載されています。いわば、通親は当然のことながら公家政治の中枢にありながら、優れた文人でもあったのです。

道元禅師の父は久我通親だとする大谷氏は、文才面からアプローチする久我通具という説には、通親もまた文人であったと指摘した。確かに、当時の公家社会においては和歌などの教養は不可欠だったろう。

次に、道元禅師出生時の二人の年齢について考えてみましょう。生没年からして、その時、通親は52歳、通具は30歳となります。年齢を考えると、通具の方が有力視されましょう。ここが通具説の大きな論拠の一つにもなっているのです。しかし、逆をいえば、52歳の通親には絶対に

久我通具（こがみちとも） 1171～1227年　鎌倉初期の歌人。通親の子。道元の父という説も。堀河大納言と称された。古今集の撰者の一人。『永平広録』の「育父源亜相」（いくふげんあしょう）は通具を示すと言われている。

子ができないなどと断言できるのでしょうか。当時の貴族社会において、50歳前後の人に子が生まれた例はいくらでもあります。さらに、道元禅師の出家の動機は、とてつもない極めて強烈な異常とも思える無常観で、これは幼い頃に両親を亡くされた境涯から幼児期に育成された心底からの切実さです。この無常観は道元禅師の生涯を通貫しているのです。通具が実父ならば、道元禅師の修行時代には、実父は生存中で、幼年期のあの切実な思いの無常観は一体何なのか、どこからくるのか極めて説明のし難いものとなります。さらに、「猶子」の話も説明がつきません。猶子というのは、おい・兄弟のことを言い、猶父は養父と同じ意に使われるが、古写本『建撕記』に、道元禅師が13歳で叡山に上山した時に良顕法師が「親父猶父定めて其瞋りあらん」と諫めた言葉は、実父通親も育父通具もおいかりであろうと解することも不可能ではない。いずれにしても猶子のことは道元禅師に深い影を落としているのです。そのよう

建撕記（けんぜいき）　永平寺14世建撕が編集した道元禅師の一生を記録した行状記。文明4（1472）年頃までには成立したとされる。

なことからしても、道元禅師の出生に関して、その父親の年齢を以て愚慮して通具を父と定めるのは、いささか独断的思考であるように思われるのです。

「育父」という『永平広録』の記述

父親の年齢からだけでなく、道元禅師の出家の動機からも迫る。出家動機は父親だけでなく、母親の死も大きな影響を与えた。大谷氏の言う「強烈な無常観」があった。さらに続ける。

では、道元禅師の実父は誰であるのか確実に示す道元禅師ご自身の『永平広録』に残されている語句を重視するべきだと思います。『永平広録』（道元禅師の語録・十巻）の「上堂」（禅林における門下に対する正

新古今和歌集（しんこきんわかしゅう）　8番目の勅撰和歌集。20巻。後鳥羽上皇の命で編纂され、撰者は源通具（久我通具）・藤原有家・藤原定家・藤原家隆・藤原雅経。1205年に一応成立したが、その後も切り継ぎが行われた。約1980首。

式な説示）の内容は多彩ですが、その中に亡父と亡母に関する上堂が2回ずつある。その記述を見ると、亡父は「為育父源亜相」（『永平広録』巻五―363）と「源亜相忌」（『永平広録』巻七―524）、亡母は「先妣忌辰」と記されている。今までの研究や当時の社会的地位から、「源亜相」が通具であることは間違いないといえます。問題は、「育父」の意味です。文字の通り、素直に理解すれば「育ての父親」ですが、そこに「実父」という意味があるのか。ここが要点になるのです。

「育父」を「実父」との意味に解することも可能としたのは、ある漢学者の教示であったのですが、私は、当時からこれについては相当な違和感を懐いていました。道元禅師ほどの漢学に造詣の深い方が何故実父を育父とするかということ。つまり実父なら「先考」という語句があることを常識的にも知らないはずはないからで、これについては中国の文献学者たちにも調査を依頼するなど長年調べ続けてきました。結果からいえば、「育父」を「実父」と決定付ける明らかな文献学的確証は得られませんでした。

そこで注目したいのが、『永平広録』の上堂の母に対する「先妣」という呼称です。『永平広録』に3回（『永平広録』巻五―391、巻五―409、巻七―478）出てくる（そのうちの一つは、比丘尼懐義の先妣のための上堂）のですが、これは「実母」を意味します。つまり、道元禅師は自分と相手の関係を明示して上堂を行っているのです。「先妣」に対する言葉は何であるか。この場合、「実父」は「先考」といいます。その点を考えると、「源亜相」、すなわち通具が実父なのであれば「先考」と明示するはずでしょう。わざわざ、「育父」と示す必要はないのです。そこは、道元禅師の複雑な家系のなさしめるところなのでしょう。おそらく同じ源氏でありながら、鎌倉の武家勢力に抗した実父通親との関係への配慮、そして「承久の乱」以後の係累の人々の悲惨を極め

永平広録（えいへいこうろく）　道元禅師の上堂（禅林特有の法堂での住職による説法）や小参（家訓の訓示）を侍者（弟子）が記録したもの。10巻からなる。帰国後の嘉禎3（1236）年10月15日に京都興聖寺で我が国最初の上堂を行い、生涯で531回の上堂が漢文で編纂されている。

た命運への配慮、つまり鎌倉側への配慮が、異母兄で、おそらくは大外護者となった通具を育ての親として「育父」という造語をもってまでして供養せざるを得なかったことが勘案されるのです。

ところで、道元禅師は貞応2（1223）年に入宋します。明全と侍者の廓念・亮照と一緒であったことは知られるところです。しかし、その他に薬関係の木下道正と陶工の加藤景正が同伴したことはあまり知られていません。この2人の在俗者は何者であるか、どういった経緯で道元禅師の下に加わったのか。その一人、加藤景正（藤四郎、これはいずれかの機会に明らかにします）を調べていくと、彼は道元禅師の実父通親と極めて近い関係にあることが分かります。であれば、道元禅師と極めて深い縁によって加わったことが判明します。

こうした資料の状況や道元禅師を取り巻く人の繋がり、それらを総合して考えた時、実父は、やはり従来通り通親としか考えられないのです。

父親は誰か。大谷氏はこれまでの研究の積み重ねから、久我通親しかいないと断ずる。この件は後の道元禅師の入宋に際しての渡航費にも関連するが、出自についてはひとまず措く。

さて話は核心に入る。栄西と道元禅師の相見、そして明全との関係はなぜ重要なのか。それは、道元禅師が栄西の高弟である明全と共に中国（宋）に渡り、明全が客死するまでの9年間（道元禅師18〜26歳）、行動を共にしているからである。資料や人間関係から大谷氏が事実を切り開く。

重要なカギをにぎる明全和尚

『永平の風』を書くに当たり、私は従来の諸文献をできうる限り収攬し、まず考えたのが現実的な人の繋がり、社会情勢のなかの人の微妙な

正法眼蔵（しょうぼうげんぞう）　道元禅師の代表的著作。寛喜3（1231）年の「弁道話」巻から始まり晩年の「八大人覚」巻まで正伝の仏法を和文で記したもの。一般には95巻本が知られるが、60巻、75巻の編集がある。哲学的とも受けとられる論述は近代の知識人にも影響を与えた。

縁です。これを軸に構想しなければ真実なる史実は見えてこないからです。なぜなら、現代と異なる当時の社会状況を考えた時、人に逢ったり、それによって何かを為そうとする場合には、現代でも同じですが、必ず紹介(状)が必要だったからです。繰り返しになりますが、道元禅師は、14歳の時に天台座主公円について得度し、後に通親の縁で園城寺の公胤を訪ねる。公胤僧正は、道元禅師の仏法の根幹についての大疑団に「その疑いこそがわが天台の極意で、それは伝教大師（最澄）・慈覚大師（円仁）より代々口伝してきたところで、それをもってしてもその疑念をはらすことはできない」と答えて、仏道を誰に学ぶべきかという道元禅師の質問に答える形で、公胤は、近い関係にあった建仁寺の栄西禅師を勧めるのです。それは当時栄西禅師が建仁寺に滞在していたからで、当時の慣例からして、勧めたということは紹介の筆を執ったか、一報は行ったと考えられます。道元禅師は、そうして建仁寺を訪問したのです

建仁寺（けんにんじ）　京都市東山区にある臨済宗建仁寺派の大本山。建仁 2 (1202) 年将軍源頼家が寺域を寄進し栄西禅師を開山として宋国百丈山を模して建立。道元禅師 15 歳の時に建仁寺で栄西禅師に会ったと言われる。また道元禅師 28 歳の時、明全和尚の遺骨を携えて中国から帰国した際、建仁寺に入った。

京都・建仁寺にある「千光祖師栄西禅師入定塔」

同じく建仁寺境内に設置されている「道元禅師　修行の遺蹟」の銘板。解説は東隆眞氏

から、栄西禅師と相見したと見るのが素直でしょう。先ほど申しましたように栄西禅師は建保3（1215）年7月5日に示寂されている。であれば、京都でなければ辻褄が合いません。また、道元禅師に大きな示唆を与えた公胤僧正はその翌年建保4（1216）年に示寂しています。

最晩年であった栄西禅師は道元禅師の疑問に対し、「三世の諸仏有ることを知らず、狸奴《りぬ》白牯《びゃっこ》却って有るを知る」（三世の諸仏は、悟りだの仏法だのをとっくに超越しているのだ。悟りだの仏法だのと言っているのは、文字や言葉を持たない猫や牛などに等しい凡夫が論じているに過ぎない）（『訂補建撕記図絵』）と、いとも簡単に南泉普願（748―834）の語をもって答えたのです。精緻な理論で構築された天台仏教のみを習学していた道元禅師に、禅的公案の世界をもって接したのです。道元禅師は、仏法は理論だけでなく、行的体験的な世界において把握しなければならないことを直観したのです。この言葉は、道元禅師にとっ

比叡山延暦寺（ひえいざんえんりゃくじ）　滋賀県と京都府にまたがる天台宗の総本山。伝教大師最澄（767〜822）が延暦7（788）年に一乗止観院を建てたことに始まる。多くの祖師方が比叡山で学んだ。道元禅師は14歳の時に公円座主について出家した。

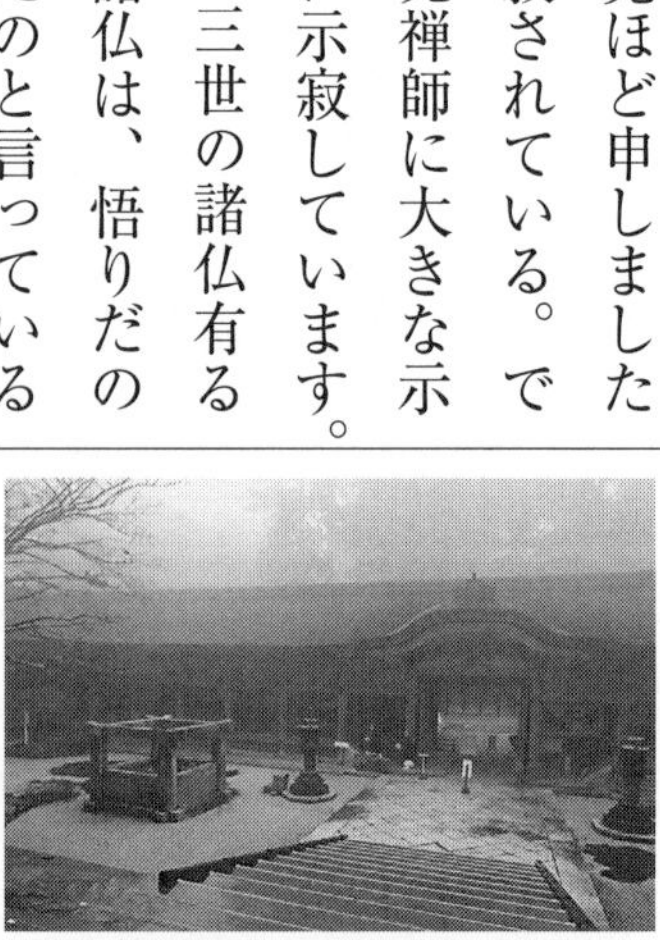

靄がかかる延暦寺根本中堂

て、極めて衝撃的なものであったのです。なぜなら、天台教学一辺倒で突き進み、学解のそこでの行き詰まりは、当時の天台学の権威ともいえる公胤でさえもが、それは両大師の口伝にあるとし、それでもその口伝では疑問は解けないとしたのです。それは、仏法の究極の世界は、精緻な分別智に基づく学解のみでは行き着けない高見を示唆するものであったからです。この時の衝撃の事実は、道元禅師の心奥深くしまい込まれ、やがて、宝慶元年5月1日、天童如浄禅師に相見し、5月27日に先師明全和尚が亡くなった後、如浄禅師への拝問願いに「いささか臨済の家風を知る」(『宝慶記』)という根拠として示されるのです。

道元禅師の心の揺らぎを見抜いた栄西禅師は、自分の高弟である明全和尚を紹介します。明全和尚については後述しますが、明全和尚は道元禅師と同じく比叡山で天台密教を学び、仏樹房と称し、後に諸方を遊学し奈良で律を学んで、栄西禅師の弟子となっていた。栄西禅師は臨済宗

宝慶記(ほうきょうき)　宝慶は中国南宋の元号(1225〜1227)。宋に滞在中の道元禅師が本師である如浄禅師との44項目にわたる正伝の仏法についての問答を記録した書。

黄龍派の流れを汲む禅僧であったが、その禅風は純粋禅ではなく、当時の比叡山を意識して顕密禅戒の諸宗を混淆したものです。明全和尚は、栄西禅師門下の中でも抜きんでた俊僧で特に戒律を重んじた僧でしたが、その師の影響で入宋の希望を強く抱いていたのです。

そして共に入宋を果たし、明全和尚が42歳で客死するまでの9年間を共にします。この間に明全和尚からの師資相伝があった。つまり、明全和尚は道元禅師の日本からの師でもあるのです。

明全和尚は栄西禅師の高弟でしたから、日本国内ではよく知られた存在でした。入宋の際、恐らく渡航関係者に栄西禅師が巡り歩いた諸寺に赴き、供養を行いたいと伝えたことでしょう。事実、天童山に千仏堂(日本国千光法師〈栄西禅師〉祠堂)を建立し、10回忌の法会を営んでいます。同じように道元禅師も、栄西禅師ゆかりの地を歴訪しているのです。

中国・天童山の風景

道元禅師の学仏道の師匠は本師如浄禅師だけにとどまらず、日本での比叡山を出て以降の参学時代は明全和尚が師匠であったという指摘である。両者に共通する師は栄西禅師であり、入宋した道元禅師は栄西禅師ゆかりの諸々の寺院を訪れた。大谷氏は、何故、天童山なのか、そして栄西禅師供養などの費用面についても思案をめぐらす。

明全和尚は、入宋の翌年、嘉定17（1224）年7月5日、天童山で「栄西忌」を営み栄西禅師の師恩に報いています。天童山は、栄西禅師が二度目の入宋の際、天台山万年寺の虚庵懐敞禅師の門下となり、虚庵禅師が天童山景徳寺に移住するときも随侍し、淳熙2（1191）年臨済宗黄竜派の印可証明されたゆかりの寺です。つまり中国には当時も数多くの寺院があるのに何故天童山に明全和尚・道元禅師が錫をとどめた

天童山景徳寺（てんどうさんけいとくじ）　中国・浙江省寧波市にある寺院。晋の永康元(304)年に義興法師によって建立されたのが始まりとされる。五山十刹の一つ。宏智禅師や如浄禅師ら名僧が住持した。栄西禅師も虚庵懐敞禅師についてこの寺で修行した。

のかといえば、天童山は栄西禅師が修行し深い師恩を受けた寺であるからなのです。栄西禅師は帰国後、虚庵禅師の「千仏閣」重建のために、日本から良材を送りその重修に貢献し、「日本国千光法師祠堂」が建てられてもいます。ですから、天童山は栄西禅師門下の拠点ともいえ、事実、栄西門下の多くの僧が天童山に入り修行していたので、明全和尚もその弟子の道元禅師も天童山に錫を留めることになるのです。明全和尚は、「千仏閣」を修復しさらにその顛末を「千光法師祠堂記」なるものを虞樗なる役人に依頼していますが、その依頼を実行したのは道元禅師であったのです。

渡航費負担、通具しかいない

明全和尚は「栄西忌」の際、寮舎に楮券《ちょけん》千緡《びん》を寄進し、大斎会を設け山中の大衆に供養したという。それは栄西禅師示寂して10年目のことです。楮券とは紙幣のことで、1緡は銅銭千枚、千緡は北宋時代の中流役人の年収にあたるという試算があります。当時の人々の暮らしぶりと現代の経済状況で、その価値判断はとてもできるものではありません。仮に数字の上だけの計算では、千緡は現代の貨幣価値で約20万人民元、現代の相場で日本円に換算するとほぼ350万円ほどになりますが、当時の一般の人々にとって見当もつかない相当な金額であったはずです。明全和尚の入宋の目的には、栄西禅師の供養そして栄西禅師ゆかりの寺院への報恩行も当然含まれていたでしょう。事実道元禅師は栄西禅師ゆかりの寺院を中心に尋師訪道されていますから、明全和尚の入宋には相当な資金が必要であったはずです。

ところで明全和尚と道元禅師の入宋の渡航費、中国での滞在費などは諸説ありますが、いずれも推論の域を出ず、何も分かっていないのが実

大本山永平寺山内寂光苑にある天童如浄禅師の塔(奥)と明全和尚塔(2002年4月撮影)。

状です。
　明全和尚の渡航を含む、そうした費用はどこから寄せられたのか。渡航は商船であろうとされていますが、その費用は不明です。その他の栄西禅師を供養するための莫大な資金は、明全和尚は、栄西禅師の高弟であり、ゆくゆくはその将来を担うはずですから、建仁寺・寿福寺など寺縁とその信徒が中心となって徹底して協力したのでしょう。ところが道元禅師には、渡航費や滞在費などこれといったその筋の話はないのです。道元禅師は明全和尚の弟子だからといって無償で渡航したのでしょうか。そのようなことはないでしょう。なぜなら入宋の目的を果たすための準備は相当の期間なされていたし、その資金の調達も通親系統、さらには母親伊子の藤原家の系統の親属を中心になされたと思います。そうしたことからも、道元禅師が「育父」とした久我通具の存在が大外護者としても大きく浮かび上がります。

永平の風（えいへいのかぜ）　大谷哲夫氏の著により平成13（2001）年、文芸社から刊行。時代考証などを厳密にしつつ道元禅師の生涯を小説仕立てでノンフィクション風に書きあげている。映画『禅ＺＥＮ』（高橋伴明監督、2009年公開）の原作。

通親亡き後の道元禅師をバックアップしたのが「育父」である久我通具であるとの指摘である。これも道元禅師の父が通親であることを補強する。

このような状況を勘案しますと、道元禅師の周辺の俗縁の人と人の縁がいかに肝要かと言えます。法縁はもちろん、道元禅師の場合は、公円座主、公胤僧正の示唆、そして栄西禅師との相見、明全和尚への参学、明全和尚との入宋、そして如浄禅師の膝下での徹底打坐しての大悟がなければ道元禅師のその後は成り立たないといって過言ではないのです。そうしたことを逆に言えば、明全和尚はその本師と慕う栄西禅師に比すれば、入宋中に客死した一介の無名僧に過ぎません。しかしながら、明全和尚が栄西禅師の弟子でなかったならば、道元禅師が明全和尚の弟子でなかったならば、栄西禅師は当時の巷間の伝える毀誉褒貶につつまれ

大谷氏の著書『永平の風―道元の生涯』(文芸社)

た禅密兼修の祈祷僧としてのみ伝えられたかもしれません。ところが、明全和尚は、若き道元禅師には、先師栄西禅師の人格を極めて感銘深く真の仏教者として強く印象づけているのです。道元禅師もまた『正法眼蔵随聞記』の中で栄西禅師のある日の行実を生き生きと語っています。それはもちろん、栄西禅師の資質が明全和尚が全幅の信頼を寄せるほどに優れ仏道の人として人望があったからに外なりません。つまり、栄西禅師を明全和尚が顕彰し、道元禅師が明全和尚を介在して、明全・栄西両師を、さらに道元禅師は本師天童如浄禅師を顕彰しているのです。そこには禅宗などと偏称する仏教ではなく、宗派をそして人種などを超越して、日本人の中に真の仏法への求道の精神が脈々として流れ、それが継承されているのです。

明全和尚は「栄西忌」の執行に当たり、当時の役人の年収分の費用をもって供養したと指摘し、一方で、道元禅師は資金集めに関する資料がないという。その点で道元禅師の最大の外護者は「育父」である久我通具だったのであろう。そして、『永平広録』から親族と栄西禅師および明全和尚が同等に重んじている点を解き明かす。

では、人と人との縁、そのような繋がりはどこに見出せるか。これは、『永平広録』に判然と見られるのです。道元禅師が育父と亡母の忌辰上堂を2回ずつ行っていることは先述しました。実は、『永平広録』には、栄西禅師と明全和尚に対しても2回ずつ忌辰上堂を行っていることが記録されています。道元禅師は肉親・血縁者と同じく栄西禅師・明全和尚を重んじておられるのです。青年期から入宋まで9年間歩みを共にし、先師とお慕いする明全和尚に対する2回の忌辰上堂（巻六―435／巻七―504）はいわずもがな納得できましょう。

大本山永平寺山内寂光苑ある「稚髪御像」。道元禅師が出家の決意をされた少年期の姿を表している（2002年4月撮影）

栄西禅師に2度の忌辰上堂

それでは栄西禅師はどうか。確かに、当代随一の禅者であり、明全和尚の師匠です。とはいえ、ただ公胤僧正に紹介されただけで相見もしていない人物を、いくら明全和尚の薫陶を受けたからとはいえ、「師翁」と敬慕し、肉親や先師と同等に重んじて2回もの忌辰上堂をするでしょうか。そのようなことは考えられません。

道元禅師は、栄西禅師を「明庵千光禅師前権僧正法印大和尚忌辰」（巻六—441）として最高の称号を並べて、忌辰上堂しています。その内容は、栄西禅師とその師虚庵懐敞との因縁の問答を記して、栄西禅師が大悟したのは「扶桑、当日春に逢う」（日本には、この日、はじめて春の日がそそいだのだ）と称讃しているのです。

さらに建長4（1252）年には「千光禅師前権僧正法印大和尚忌辰」（巻七―512）に、「手を懸崖にはなち、身を空劫に脱す」（あらゆる把われを離れ、一切を超脱された）栄西禅師は「即今、いずれのところにかある」（わが師翁栄西禅師は今いずこにおわすか）と問いかけ、私は言葉を弄して師翁の遺徳を顕わそうとしたが師翁の真相は決して顕せるものではない、と追薦上堂しておられるのです。道元禅師は2度の忌辰上堂の中で栄西禅師を「師翁」と称しています。師翁とは普通は師の師のこと、つまり嗣法上の祖父のことをいうのですが、この場合は栄西禅師への尊称として用いています。そこまでして、相見もしていない人をその忌日に上堂し供養するとは思えません。

ちなみに、明庵は字、千光禅師（法師）は入宋中の得た賜号、前権僧正は帰国後に宣下を受けた僧階で、その人の庵号・諱・禅師号・身分等、この場合は、禅宗と天台の位階を混同してはいるのですが、そこまでも

かつての「永平寺」駅。京福電鉄永平寺線の終着駅だった。2002年10月年廃駅となった(2002年4月撮影)

列記してその人を表記するのは、道元禅師が、その人を極めて尊崇するからに外なりません。そのように見てくると、やはり栄西禅師との相見がなかったとは言えないのです。また、育父・亡母の忌辰上堂はさておくとして、明全和尚（『永平広録』巻六―435、巻七―504）・栄西禅師（巻六―441、巻七―511）への二度ずつの忌辰上堂はいずれも道元禅師の晩年になされていることを勘案すれば、道元禅師の師と師翁への強い思慕の念を感じずにはおられません。

道元禅師の行動と資料の記述、そして人の繋がりを総合して見れば、栄西禅師との相見は当然あってしかるべきだと大谷氏は力説する。そして、何よりも、その弟子明全和尚は、道元禅師にとっては、栄西禅師亡き後の日本から入宋に至る9年間、深い師資の関係にあり学仏道の師として真に大きな存在であった。しかし、明全和尚は入宋先で病に倒れ客死してしまう。がその後、道元禅師は天童如浄禅師に徹底参学し大悟にいたる。この不可思議な巡り合わせと先師明全和尚の人となりを語る。

道元禅師は栄西禅師に相見し、少なからざる臨済禅的な感化と示唆を受け、その後の学仏道の多くは明全和尚から仏法の薫習を受けます。その最も重要な点は、栄西禅師から明全和尚へと受けつがれた、仏道への飽くなき求道の情熱とそれに培われた仏法者としての確たる宗教的人格です。

明全和尚は、伊賀（三重県）の出身で8歳で比叡山三塔の横川にある首楞厳院の明融阿闍黎のもとで剃髪、その下で養育され、出世間のありよう・大小乗仏教の実体・因果や是非の弁え方等々天台教学の基本を学び「仏樹房」と称します。その後諸方に遊学し、真言密教の奥旨、律蔵

杉木立の奥に見える永平寺の唐門(2002年4月撮影)

の深際を究めます。が、砂粒を数えるような教学に飽き足らず、当時2度目の入宋から帰国し、天台・真言・禅の三宗兼学としながらも禅法を中心に教線を展開していた持戒堅固な栄西禅師の門下となり、やがて、「栄西が法を訪ねんと思う輩は、須らく全師を訪うべし」と称せられるように、禅法をも究め顕密律禅の学識を備えた仏者となります。道元禅師は、明全和尚を「栄西禅師の上足として、ひとり無上の仏法を正伝し、余輩の並ぶべきにあらず」と尊崇する持戒堅固で清冽な僧でもありました。一説には、入宋以前のごく短い間栄西禅師の示寂後建仁寺の住持職にあったともいわれますが、入宋して彼の地に客死したためか建仁寺の歴代住持としてはその痕跡を留めていません。

明全・道元両師の出会いは、栄西禅師の最晩年のことでしょうが、正式には明全和尚34歳、道元禅師18歳の時に道元禅師は明全和尚の室に入ります。若き道元禅師に深い感銘を懐かせた明全和尚の入宋時の激しくも堅い求道の決意が懐奘禅師の『正法眼蔵随聞記』（巻六—13）に活写されています。入宋を控えた前年、明全和尚39歳、道元禅師23歳の時のことです。

明全和尚の決意

明全和尚が大恩を受けた本師明融阿闍梨は、まさに死の重病に沈んだ病床から「今回の入宋を中止し、私を看病し死をみとってから入宋の本懐を遂げてくれるよう」にと懇望した。そこで、明全和尚は法類や弟子たちを集め「私が今日あるのは全て阿闍梨のお陰である。今、師とお別れすれば、もはや二度とお目にかかれない。身命を賭けての入宋求法は衆生救済の菩薩行であるが、私をここまで育ててくれた本師の大恩に背いてまで、今、入宋する道理があるのかどうか」を評議した。大方の意

正法眼蔵随聞記（しょうぼうげんぞうずいもんき）　道元禅師の弟子懐奘禅師（永平寺２世）が、教えを記録した書。道元禅師の日常を知ることができ、今日も幅広く読まれている。

見は「阿闍梨のご示寂は間近である。師恩に報いるために全てを済ませて入宋の本懐を遂げられれば師命にも背かず、重恩を忘れたことにはならない。今回の入宋は中止せよ」ということでした。道元禅師も末席から「仏法の悟りがこの程度でよいとお考えならば中止すべし」と述べたという。評議の多くは「中止せよ」ということであったが、皆が意見を述べ終わると明全和尚は言われたのです。

「皆の意見はいずれも今回の私の入宋を中止せよとする道理ばかりである。仏道修行も、このくらいまで来れば、これでよいとも思う。また、一生、このように修行すれば迷いもなくなろう。が、入宋を中止しても死ぬべき人の命がながらえるわけではない。看病しても苦痛が和らぐわけではない。ご臨終の時、師匠のお側にいても死から離れられるわけでもない。今回の入宋を中止すれば、師匠としては、私が弟子として師匠の云うことを聞いてくれた、と思うばかりのことで、それは仏道には一

無際了派(むさいりょうは) 1149～1224年　中国臨済宗大慧派の僧侶。道元禅師が初めて天童山に入った時の住持。道元禅師は無際了派禅師から「嗣書」を閲覧する機会を得た。

切関係ない。私の求法の志しを妨げることは、かえって師匠の罪作りの因縁となる。入宋求法の志しを遂げて、少しでも悟りを開いたならば、一人の煩悩をもつ人の感情に背いたとしても、多くの人が悟りを開く因縁をつくることになる。この功徳がすぐれたものであるならば、これこそが師の恩に報ずるということである。たとえ、渡海の間に死んで本懐を遂げられなくとも、求法の志しをもって死ねば、玄奘三蔵のようにその願念は尽きない。一人のために失いやすい時間を空しく過ごすことは仏意ではない。今回の入宋については私の心の中ではすでに決定済みである」と、その入宋の決意は少しの揺るぎもない確固としたものだったのです。

入宋中止か、延期か。師匠の病にあって、さまざまな意見が提出される中で、仏法を求める明全和尚の姿勢は一貫している。それは

宏智正覚（わんししょうがく）1091～1157年　道元禅師が訪れる約80年前の天童山の住持。30年間在住した。『宏智語録』『頌古百則』がある。宏智正覚、宏智禅師とも呼ばれる。

道元禅師に伝わったに違いない。

明全和尚は、師の重恩さえをも超越した悲壮感さえ漂う激しくも狂おしいまでの求道心をもって、翌貞応2（1223）年道元禅師らと入宋したのです。が、入宋以来、天童山に参禅弁道すること3年、その名ようやく両浙にも聞こえるようになります。が、明全和尚は宝慶元（1225）年5月1日、如浄禅師と若き道元禅師の歴史的相見をみとどけ、その後事の全てを如浄禅師に託した安堵感からか、5月18日、突如として発病、わずか十日後の同月27日、天童山了然寮にて示寂されます。最期を悟った明全和尚は、栄西禅師から明全和尚に伝えられた「栄西僧正記文」を授与します。これは道元禅師に日本での禅宗興隆を託したことになるのです。

明全和尚は、死にのぞみ衣装をととのえ正身端坐のままご入寂されま

天童如浄（てんどうにょじょう）1163〜1227(8)年　中国・天童山景徳寺等31世住持。道元禅師が正師と仰いだ人物。道元禅師の仏法形成に大きな影響を与えた。従来、紹定元(1228)年に示寂したとされているが、諸史料から宝慶3(1227)年とする説もある。

す。歳わずかに42。同29日、荼毘に付すと、火五色に変じ、白色の舎利三顆を得、拾うにつれて三百七十余顆となるという日本ではそれまでに記されたことのない不聞の奇瑞を表します。『永平広録』巻十の「真賛」には、釈迦・達磨・阿難・仏樹（明全）和尚の真賛が収められ、それには「平生の行道徹通して親しし、寂滅より以来面目新なり、且く道え如何が今日の事、金剛焔の後真身を露す」（わが師仏樹和尚の仏道修行は、真に徹底を極めておられ、ご示寂後もその面目は不滅で、今日にいたっても新たに輝いておられる。私は、いまも、今日は如何ですかと問いかけたい。師は荼毘され金剛炎となられたが、その真身は今日にいたっても露堂々として現前しておられるので）」と、道元禅師は明全和尚の真影に賛するに当たり、その荼毘の感慨を思い出しながら賛頌しているのです。その舎利は道元禅師がご帰国の際持ち帰られ、今日では、建仁寺開山堂入定塔の前には明全和尚の五輪塔が建てられ、今でもそこ

退耕行勇（たいこうぎょうゆう）1163～1241年　栄西禅師の法を嗣ぐ。鎌倉寿福寺、京都建仁寺の住持をつとめた。

に明全和尚は静かに眠っておられます。その訃報を聞いた建仁寺二代に列せられている栄西門下で先輩僧の退耕行勇禅師は「祖家の一隻を失えり」と慨嘆したと云われますので、明全和尚は栄西門下としても建仁寺からもその重責を担う期待をかけられていた俊秀な僧であったことが窺えます。

明全和尚示寂によって強い求道の覚悟

明全和尚の、死病の床にある恩師のすがりつくような心持ちと、それに報いたい自分の気持ちを「今生暫時の妄愛迷情」と喝破された入宋求法の堅固な情熱と決意、ひたぶるで燃えるような求道の情熱と精神は、若き道元禅師の魂を根底から揺すぶり生涯忘れ得ぬものとなります。道元禅師はしばしば「仏道のためには身命を投げすてる」と言われますが、

嗣書（ししょ）　仏祖からの正法を弟子に伝えたことを証明するもの。歴代の祖師方の名前が書き連ねられている。道元禅師は天童山住持だった無際了派の所持していた嗣書を閲覧。また天童山後継の如浄禅師から嗣書を賜った。

身命を投げすてるというのはおのずと世情・人情を捨てることに外なりません。道元禅師のこうした強烈な求道の情熱の奥底には、その実態をつぶさに見てきた先師明全和尚の行履があるのです。異国での突然の恩師の凄絶な死は、道元禅師にいかばかりの感慨をもたらしたのか。明全和尚の荼毘の様相は道元禅師にいかばかりかの感慨を与えたか、寂寥感とか喪失感とか空虚感などとは口では表現できないかつての無常感の再燃であったろうし、それに反発するような悲壮感漂う強烈な求道心を奮い立たせたのではなかったかと愚考するばかりです。道元禅師の大悟徹底は、如浄禅師に相見後のほぼ3カ月、明全和尚ご示寂なされてわずかに2カ月後の夏安居も終わりに近い日のことであることを勘案すると、明全和尚のご示寂は道元禅師に極めて強い求道の覚悟を与えたことは否めない事実を示唆しています。同時に、明全和尚は、禅師の入宋求法大悟徹底の本懐を遂げさせるための先導師であり、明全和尚の存在こそが

瑩山紹瑾（けいざんじょうきん）1264〜1325年　大本山總持寺開山。徹通義介禅師に参じ、永平寺第二世懐奘について得度。門下に峨山韶碩、明峰素哲など優れた弟子を輩出。曹洞宗の太祖と仰がれる。『伝光録』を著す。

道元禅師にとっては菩薩そのものであったことが実感されてきます。
そこには、栄西・明全・道元三師に貫徹する仏法に対する強烈でひたぶるな日本人の求道の精神が確固とした矜持として介在しています。究めごとの究極の全てを「道」に集約していく日本人の飽くなき探究心の原点をそこに見る気もします。またその精神こそが、道元禅師を通して本師如浄禅師の仏法が、さらに古仏宏智禅師の仏法が、日本において只管打坐・正伝の仏法として蘇り展開していく素地でもあったことが実感として迫ってきます。

明全和尚は坐禅を組み、正身端座のままで息を引き取ったといいます。道元禅師はその様子をじっとご覧になっていたのでしょう。道元禅師が54歳の生涯を閉じる時、坐禅の姿で息を引き取ったと伝えられます。死の直前まで仏法を体現しようとしたのは明全和尚の死を体験したからにほかなりません。やはり、明全和尚は道元禅師の先導師だったのです。

道元禅師の出家動機には肉親の死に直面しての「強烈な無常観」があった。同時に、明全和尚の生涯を賭しての法を求める生きざまは、道元禅師の「強烈な求道の情熱」へと昇華したと大谷氏は言うのである。

「もしも」如浄禅師に出会わなかったならば

大谷氏の『永平の風』で、道元禅師亡き後の最初期の永平寺僧団を概観した上で、「しかし、それは同時に極めて多難な日本曹洞宗の幕開けでもあった」と結んでいる。多難さは道元禅師時代からあったが、じつは道元禅師の仏法は、極めて細いながら確実に紡がれてきたことがわかる。大谷氏は「もしも」としながら、その歴史の

孤雲懐奘（こうんえじょう）1198～1280年　日本達磨宗の覚晏に参じていたが、帰国後の道元禅師に帰投し、法を嗣ぎ永平寺2世となる。『正法眼蔵随聞記』で知られる。

解読を試みる。

歴史に「もしも」はないと言われます。当然なのですが、けれども、仮に、もしも明全和尚が客死せずに宋での行履を全うし、道元禅師と帰朝したとしたらどうなったか。明全和尚は建仁寺を嗣ぎ恐らく、道元禅師は明全和尚の後を嗣いだことでしょう。実際に「栄西僧正記文」を授かっているのですから。そうしたら、道元禅師は如浄禅師の「正伝の仏法」を宣揚することはしばらくはなく、栄西―明全―道元として臨済宗黄龍派か楊岐派の法脈を継ぐことになったかとも思われます。そのようなことはあり得ませんが、もしそのようであれば、道元禅師の忸怩たる思いの雲遊の時代は長く続き、宋朝禅批判も黙照禅の流布も相当に遅れたことでしょう。

加えて、入宋期の「もしも」をもう一つ。道元禅師が初めて天童山に

徹通義介（てっつうぎかい）1219～1309年　日本達磨宗の出身だが、後に道元禅師のもとへ。さらに永平寺2世懐奘禅師の法を嗣いで永平寺第3世。加賀大乗寺を開山。法嗣に瑩山紹瑾禅師がいる。

大本山永平寺仏殿（2002 年4月撮影）

大本山永平寺寂光苑にある如浄禅師の塔と明全和尚塔。寂光苑は道元禅師生誕 800 年と 750 回大遠忌を記念して平成 12(2000) 年に整備された (2002 年 4 月撮影)

入山した時の住持は無際了派でした。懇切な教導を受けたであろうことは、「嗣書」を拝見させてもらっていることなどからわかります。けれども、正師とはならなかった。その無際了派が道元禅師入宋中に示寂し、如浄禅師が後任住持となる。道元禅師は、宝慶元（1225）年5月1日に如浄禅師と邂逅し、明全和尚が同月27日示寂される。しかし共に入宋した明全和尚は、師であり、希望であった。けれども、突然いなくなってしまう。自分は、まだ修行の途中、さとりも得ていない。「どうしたらよいのか、なぜ……」。そういう切々たる思いが、『宝慶記』の文言から切実にあったと感ぜられます。後、夏安居中に身心脱落し、「仏祖正伝菩薩戒」を授かり、嗣書を相承して宝慶3（1227）年7月に帰朝の途に就く。如浄禅師は、それを見届けるかのように、その2週間ほど後に示寂する（翌年説もありますが、それを含んでも）。もし、無際了派が長命であれば、如浄禅師とは出会うこともなかったでしょうし、

鈴木大拙（すずきだいせつ）1870〜1966年　世界的な仏教学者。英語で禅に関する著作を出版し、禅の国際化に努めた。帝国大学（東京大学）在学中に鎌倉の臨済宗円覚寺に参禅。円覚寺管長の釈宗演から居士号「大拙」を授与された。

大悟の因縁を得ることも難しかったかもしれないのです。そのように愚考を重ねてみると、明全和尚の偉大さと明全和尚こそが道元禅師大悟の先導師でもあったことが実感されます。道元禅師が「正伝の仏法」を開演する上での導師ともいえるのです。

このように道元禅師の前半生を通観する時、人の死はどこにでもその人の周辺には必ずあるものですが、道元禅師には不思議と道元禅師に縁の深い人々の死から道元禅師の人生が急展開していることが見て取れるのです。これは、同時代の他の仏教者と比較しても少々異質といえます。

顧みると、道元禅師の転機に関わった人々は、すべからく禅師の歩みが決した直後に亡くなっていることがわかります。父母は早くに没し、道元禅師に出家への強烈な生涯を通貫する無常感を形成したし、栄西禅師は建仁寺に赴いた直後に、明全和尚は在宋中に、如浄禅師は正法を附した直後に示寂しています。

鈴木俊隆（すずきしゅんりゅう）1905～1971年　曹洞宗開教師。米国に本格的な坐禅（曹洞禅・黙照禅）を根付かせた。著書「ゼンマインド ビギナーズマインド」の巻頭で米国人識者が大拙と俊隆を「二人のスズキ」とし、シュンリュウ・スズキの功績を高く評価した。

道元禅師が如浄禅師の仏法を己のものとし、それを正伝の仏法として日本において展開しましたが、帰朝後にもさまざまな障害がありました。禅師示寂後もそうです。曹洞宗は道元禅師と瑩山禅師を両祖として仰いでいますが、その間には孤雲懐奘禅師、徹通義介禅師が法を嗣がれた。懐奘・義介両禅師とも日本達磨宗の出身ですが、道元禅師はこうした人も受け入れ重用された。そうしたことによって瑩山禅師へと正伝の仏法が、つまり宋朝禅のような「習禅の禅」として何か目的を持つ禅ではない禅法が、黙照の禅風が受け継がれていきます。

この正伝の仏法は、今日、1万5千カ寺を有する日本曹洞宗となり、その教えは海外でも「ZEN」として広まっています。けれども、それは結果の姿であって、源流を開くと、それが本当にわずかな人の繋がりとその重なりによって成り立っていることがわかるのです。

弟子丸泰仙(でしまるたいせん) 1914～1982年　1967年に渡欧。ヨーロッパ開教総監としてフランスを中心に禅の普及に努める。今もヨーロッパ各地に弟子丸の子弟がいる。

20世紀後半、鈴木大拙と並ぶ「二人のスズキ」と称され、アメリカに本格的坐禅を伝えた鈴木俊隆やヨーロッパ曹洞禅の中心となった弟子丸泰仙がＺＥＮの伝道師として活躍した。最近ではアップル社設立者であるスティーブ・ジョブズの師である乙川弘文が知られる（大谷氏は永平寺僧堂で乙川と共に修行した）。こうしたＺＥＮのルーツをさかのぼるとすれば、道元禅師が帰国して禅による救いをめざした弘法救生《ぐほうぐしょう》の精神に行き着くのである。

—了—

本書は、平成26（２０１４）年末から同27（２０１５）年初めの「週刊仏教タイムス」に全４回掲載。今回、連載ではカットされた部分などを書き加えた。

乙川弘文（おとかわこうぶん）1938～2002年　1967年鈴木俊隆の招きで渡米し、曹洞禅を敷衍。アップル社を創業したスティーブ・ジョブズ(1955～2011)に禅を指導。また結婚式を司式した。大谷哲夫氏と永平寺僧堂で同安居。

大本山永平寺入口

大本山總持寺の高台にある平成救世観音

永平寺(えいへいじ)　福井県にある曹洞宗の大本山。山号は吉祥山。道元禅師は寛元2(1244)年に大仏寺として開創したが、2年後永平寺と改称。その時の上堂で「天上天下、当処永平」と発した。

總持寺(そうじじ)　神奈川県横浜市にある曹洞宗の大本山。山号は諸嶽山。かつては石川県能登にあったが、明治期の大火により伽藍のほとんどを焼失し、明治44(1911)年現在地に移転。もともとは定賢律師より寄進され寺院を元亨元(1321)年、瑩山禅師が總持寺として開創。瑩山門下から「二十五哲」と呼ばれる優秀な弟子が輩出された。

道元禅師示寂の地
（京都市下京区高辻通西洞院西入）

最晩年、道元禅師は京都の俗弟子覚念の私宅で療養。建長5（1253）年8月28日に示寂。54歳であった。現在の石碑は昭和55（1980）年、二祖国師700回大遠忌を記念して建てられた。大本山永平寺の秦慧玉禅師が揮毫。

道元禅師　荼毘の地
（京都市東山区）

昭和27（1952）年道元禅師700回大遠忌記念に荼毘塔の保護と顕彰を目的として、京都の寺院で正法会が組織され、同29（1954）年4月に現在の形となった。「曹洞宗高祖道元禅師荼毘御遺跡之塔」は大本山永平寺の高階瓏仙禅師が揮毫。

第2章
ヨーロッパ布教40年

はじめに

本年は、故弟子丸泰仙老師（1914～1982）が渡欧され、日本曹洞禅の布教が始まってから40年を迎える記念すべき年である。また、欧州の総監部がイタリアのミラノからパリに移されたのを期して、6月8日から10日までフランスの禅堂尼苑において、過去を回顧し、次の時代を考える縁《よすが》とするための、「ヨーロッパ国際布教40周年記念行事」が開催されるという。

今日のフランスおよびヨーロッパにおける曹洞禅布教の展開は、言うまでもなく初代の開教総監となられた故弟子丸老師が、1967（昭和42）年6月、パリに渡り、それまでの曹洞禅の布教形式、つまり国外の日本人および日系人のための布教とは違った形で、曹洞禅の仏法のありようの根源をもってヨーロッパ各地にその教田を開拓したことに始まる。それは、曹洞禅そのものを身をもって体した禅僧として、いわば現代の達磨大師としてフランスの地において面壁坐禅し只管打坐の精神を実践して見せたことである。

故弟子丸老師のその功績は極めて大きく、またそのお弟子さんたちが様々な経緯を辿りながらも弟子丸老師の伝えた曹洞禅に真摯に向き合い、仏道修行に取り組まれた努力は、唯に修証一等に励むことに止まらず、世事の諸々を越えなければならない、まさに艱難辛苦の日々であり、その労苦は筆舌に尽くしがたいものがあったことは言うまでもない。が、その原因の一端は、欧州における異文化の中の曹洞禅の布教という面で、一個人の力に頼りすぎて確固とした組織としての対応が遅延したこともあるのではないかと思われる。しかしその一方で、そうした背景の実体から考えて、弟子丸師の蒔かれた種が樹木となりやがて果実を実らせ、次世代に引き継がれることに違いなく、曹洞禅の真髄を堅持された皆様に心より慶賀を申し上げる次第である。

ところで、私は、2005年10月25日、現ヨーロッパ国際布教総監部総監の今村源宗老師の慫慂により、イタリアのウルビノ大学の500年祭に招かれ、500人ほど入る講堂において「極東の宗教と道元の禅」と題して講演した。講堂は、日本人が珍しかったのか、ほぼ満員であった。

ウルビノ大学は、イタリア半島の中部、サンマリノの近郊のアドリア海側のウルビノ市にある。ローマから高速道路で約3時間半ほどの道程のすえ、山間部を抜けると眼前に突如としてまさに中世の城壁が現れる。ウルビノ大学は、まさに巨大なキリスト教国家が作り上げた大学で、中世期の強固な城壁に囲まれた街そのものが大学であり、そこに学生を含め約2万5千人が暮らしているのだという。キリスト教文化そのものの大学の宗教科で、仏教学が講じられ、その講師が日本で禅修行をされ、イタリアの伝道教師を務めているグワレスキー泰天師であった。

私のイタリア滞在は、ウルビノ大学での講演を中心に、ローマ、ウルビノ、サンマリノ、ボローニャにある1077年創設の世界最古のボローニャ大学の訪問、そしてミラノにあった総幹部への表敬訪問と僅か一週間であった。が、私にとっては、その滞在中何かと配慮してくれた総監部の大学時代の教え子である横山泰賢師、講演原稿の翻訳そして懇切な通訳をしてくれたフォルザーニ慈相師とその道中、あるいは真摯に禅を学ぼうとする人たちと、ヨーロッパの禅について話し合えたことは大学としての対応を考えるとき極めて意義深いものであった。またとくに、その道中に伺ったイタリアからパリに総監部が移籍されるに当たり、曹洞禅が本格的に欧州に展開するためには、どうすればよいのか、この大きな命題に、曹洞宗に席を置く一人として、真剣に考えなければならないと思いつつ、時間的な余裕もなく、無為な時間を費やしていたのが実情であった。が、このたび、仏教タイムス編集部から、ヨーロッパ開教40周年にあたり、何か思うところを書いてくれないか、とのご依頼を頂戴した。

私は、ウレビノ大学以前にもフランスのマルセイユにあるプロバンス大学との協定に際しても、現地の教授たちがフランス哲学の対照的な思考として、また様々な文化との関連において禅に強く関心を持つことを知りえた。そしてウレビノ大学から帰って後、直ちにフランス文化とくに哲学・文学に極めて造詣が深い教授たち、曹洞禅の仏法にも深い理解を示す駒澤大学の桑田礼彰教授たちと、欧州の禅の実情について、とくにフランスを拠点としての曹洞禅の展開などについて話し合ったことなどを思い出しつつ、フランスにおける禅の受容のありようを考えておく必要があると思い筆を執らせて戴いた次第である。

1　chan から zen へ——中国から日本へ

フランスでは現在、すでによく知られているように、「禅」が、一部の学者・知識人に限らず広く大衆的な人気を獲得しているのは事実である。今や、日本語から取り入れられた zen（「ゼン」と発音）という単語は、基本的なフランス語辞典にも見出し語として掲載され、フランス語になっていることによっても知られる。が実は、フランス語には「禅」を表わす単語はもうひとつある。中国語から入ってきた chan（「チャン」と発音）という単語で、現在でも、かなり専門的な辞典、例えば、哲学事典 Encyclopaedia Universalis の見出し語では chan が用いられてはいるが、今日では一般的には zen の用いられる頻度が高くなっているようである。

これはフランス人の極東への関心の有りようが、知識人、大衆の別なく、中国から日本へと移っていることを表わしている。パリにある東洋研究の中心として有名な

「東洋語学校」（正式名称：国立東洋語文明学院。森有正が教えていたことでも有名）の登録学生は、かつては中国語が最多で日本語は少数派であったが、10年ほど前から日本語の学生数が中国語を追い抜きトップになったということである。中国から日本へのフランス人の関心の移行は確かで、chan から zen への移行も、それに対応しているように思われる。

2 ネオ・ジャポニスム

この動きの起源は、およそ100年ほど前、19世紀末から20世紀初頭にかけてのジャポニスム（日本趣味）にまで遡ることができる。ジャポニスムは一種のエグゾティスム（異国趣味）で、「正しい日本理解」という点からすれば、はなはだ頼りないものであったが、そこから、日本研究が活発に始まるきっかけとなったことは事実であった。

最近の日本への新たな関心の高まりは、100年前のそれと区別して、新ジャポニスム（ネオ・ジャポニスム）と呼べるかもしれない。直接のきっかけは、バブル期における日本経済の驚異的発展に対する国民的関心にあるともいえる。

不況・失業に苦しむフランスは、経済学者を先頭に、日本経済の好調の秘密を何とか知ろうとした。日本企業のフランス進出も話題となり、昨今、バブル崩壊後の日本への関心は、経済よりむしろ文化へ向かってきたように思われる、とは大方のフランス通の人たちの指摘するところである。

因みに、最近話題になった歌舞伎のパリ公演をはじめとする日本の芸能の招聘、さまざまな美術館における日本美術の大掛かりな展示など、日本文化の活発な紹介はその証左でもある。

3　西田哲学研究と道元のフランス語訳

このように新ジャポニスムの動きは、様々な形で、多様に展開されているが、日本理解の深化という点で重要なのは、特に翻訳の分野の展開である。よく知られているように、従来から日本「文学」は、源氏物語から村上春樹・吉本ばななまで、広くフランス語に訳され、広範な読者を獲得してきた。これに対して比較的最近始まった新しい重要な動きは、日本の「思想」の翻訳である。

日本の「思想」と言ってもそれは多様だが、特に重要と思われるのは、『日本思想100年』（上下2巻、1996年）と道元の著作とそれに関する翻訳である。

前者は、明治以降の日本の代表的思想家（福澤諭吉、中江兆民、岡倉天心、西田幾多郎、坪内逍遙、北村透谷、森鷗外、夏目漱石、小林秀雄、丸山眞男、加藤周一など）の論文を26本集めたものである。

これまでフランス人は、こうした日本の思想家の文章をフランス語でほとんど読めなかったのであるから、「日本近代思想」紹介の作業の画期的な第一歩であることには相違ない。これらの日本近代の思想家のうちで、特にフランス知識人の強い関心を引いているのは西田幾多郎である。端的に言えば、フランス人は西洋思想の二番煎じとしての日本思想は求めない。西洋思想が与えてくれないもの、西洋思想を超えたものを、日本思想に求めているのであるが、彼らにとっての西田の魅力とは、西洋哲学の用語・概念を用いながら、日本思想の核心を解いてくれるように感じられるところにあるのではなかろうか。

フランス人、特に知識人たちが、西田哲学経由で迫ろうとしている「日本思想の核心」の一つが「禅」であり、一般的に言えば、フランス人たちは、西洋的言語で読み解く日本近代思想をアプローチの道具にして、「禅」へ迫ろうとしている、ということになるかも知れないと強く感じているのは私だけではあるまい。ところで、西田はその交友関係や時代的風潮から『臨済録』を座右の書とし、哲学的瞑想の対比の基本部分を公案禅に置くが、黙照禅としての道元の禅について随所で言及していることも忘れてはならない。

4　修道院の遠さと物質主義の行き詰まり

以上の点は、あくまでも知的ないし知識人的な「禅」へのアプローチであるが、一般大衆は、「禅」の哲学的・思想的理解を目指すよりも、直接的な禅文化、たとえば禅の影響が認められるとフランス人が感じる画・書・庭・料理などに関心を持つといえよう。その場合、「禅」とはフランス人にとって、まずは「瞑想（méditation）」「精神集中（concentration）」のことであり、中世のカトリック修道院で行われていたことから容易に連想され、さらにはヨーロッパに早くから紹介されてきたヨガのそれとも通じるもののようである。フランス人の生活にとって、カトリックの修道院が遥か遠くのものになってしまったことから、それの代わりを「禅」に求めている、と言えるかもしれない。

こうした動きの背景には、西洋産業社会ないし西洋物質文明の行き詰まり、シュペングラーのいわゆる「西洋の没落」の意識を読み取ることができよう。今回（2007年）の大統領選では、フランス人はサルコジを選び、新自由主義（ネオ・リベラリスム）的な利潤追求第一の過酷な資本主義の道を選択することによって、より一層物質主義の道を突き進むことになったように思えるが、その結果、フランス人はさらに強く哲学的思考に基づく瞑想の「禅」のみを求めるようになるのではないかという感じをもつのは私だけではないであろう。

自分たちの日常生活のなかで、利潤至上主義の資本主義的原理が発生させる環境問題、健康問題、教育問題、移民問題等がますます深刻化する事態に直面し、フランス人は改めて「文明の病」を実感し、「自然」を求め、東洋に憧れ、「禅」に向かう傾向が顕著になるのではなかろうか。そして、このような仕方で「禅」に向かうフランス人は、何も考えずに習慣的に禅寺に参拝する日本人の檀家の人々に較べ、遥かに深刻な現代的問題の解決に向けて、強く切実に「禅」的内実を求めることになるのは自明ではなかろうか。とすれば、日本の形式化し形骸化した禅は、ある時点から排除されかねない事態に陥るのではないか。

5 欧米思想と哲学と道元禅師の仏法

ウルビノ大学で講演したのは、フランス大統領選挙以前ではあった。私は、「欧米思想・哲学と道元禅師の仏法」と題して講演した。今はそれについては、全てを提示できないが、おおよそ次のように概説した。

現代は、世界的に価値観が多様化した時代とも言われるが、価値観の変動によって右往左往するのが、信のない時代の思想であり潮流である。あえて言えば欧米の哲学でさえその嫌いがある。そのような現代思潮のなかでは、環境破壊、人口爆発という危機的状況のなかで、近代の人間中心主義に代わる新しい価値観をどう構築するか等の問題の中で、禅仏法は、近代哲学の存在観や認識論の構造論的発想には収まりきれない新しさがある、とされて種々様々に利用されている。

たとえば、現代では、禅仏法を単なる思想として、それを媒介として心理学や精神分析の方面からとらえて行こうとさえする風潮がある。禅と精神分析を相似としてとらえたのには、E・フロム、R・デマルティーノ、鈴木大拙の『禅と精神分析』（1960年・東京創元社）で、フロムは精神分析が最終目的とするのは無意識の抑圧や疎外から自由な「最良の状態」を禅の「さとり」と同じと見るが、さらに、禅における師資の関係、つまり、師と弟子との直接的な体験を通しての体験を自覚させる関係を、精神分析医と患者との関係に近いものとさえ見立てた。いわゆる仏教のさとり、あるいは師資の関係がそのようなものなら、仏教はとっくの昔に淘汰しているはずである。しかし、そうしたフロムの合理的なように見える禅の表面的理解では禅の神秘性や超合理性は分からないとして、最近はユングの心理学と禅との相関性がクローズアップされてきてもいる。また、心身医学による「セルフコントロール」と禅の関係も重要視され、とくにフランス実存主義と禅との相関性から、禅実存主義とも言うべき視点もあるという。ある学者は、サルトルが一番仏教、特に禅的思想家に近いとか、あるいはメルロー・ポンティもデリダも禅仏教思想と親近性があると言われる。が、それらは、禅に神秘性を求めたり、東洋的だとか、とくに言葉の範疇を超えるところから超合理性であるとして神秘性とかを問題に拘泥している限りは真の禅仏教の範疇からはずれていると言ってよい。それらの所行は、あくまでも禅を媒体として利用しているだけで、そこには本来の禅のすがたを直視したものではない、禅の真面目を見いだせない。私は、禅と心理学、禅と臨床心理、禅と哲学等々の比較、禅を対象とした、あるいはそれを利用した諸学の検討を否定する者では決して無いが、そこで生まれた諸々の思考が禅であるとしたならば、それは大きな齟齬を来すと断言しておきたい。

なぜなら、禅は、単なる思想でも哲学でも無く、信と行をともなう禅仏教、宗教なのである。つまり道元禅師が、かつて「達磨の禅は習禅に非ず」と喝破した、南宋時代の大方の禅者が自らを禅宗と称した、道元禅師入宋時代の臨済の、臨済の禅を真に理解できない臨済の余流である「習禅」の徒の亜流の、払拳棒喝を主とした形式禅、待悟禅と同種の禅もどきであって、本来の禅の姿では無い。

道元禅師の仏法は、本師天童如浄禅師の膝下での只管打坐に基づく身心脱落をした禅であり、修証一等を基調として構築された純然たる正伝の仏法である。だが、欧米思想・フランス文学あるいは哲学に触発され、欧米至上主義にかぶれた日本の似非思想家などという輩は、道元禅師の仏法をどうしても、看話禅と黙照禅の区別も無く、欧米の哲学と比較し、それに結びつけ、日本にも、欧米に劣らぬ哲学者あるいは思想家が存在するなどとのたまう。道元禅師の仏法を単なる思想・哲学にしていわゆる学問の餌食にしてしまう。本来、禅には古今を通じて論理的に分析した体形的なものは出現していないし、そのような素地すら無かったのにも関わらずである。

道元禅師の仏法を、19世紀以降のドイツの論理主義的思考の枠にはめ込み分析して単なる思想・哲学としてのみ思考するから、禅仏法は確たる信仰に基づく真の宗教である事実を無視してしまう、と言うより、信仰を拒絶して学問仏教に偏しているのが日本の大学の現実である。日本の禅の様相の全てがそうであるとは決して言えないが、寺院は寺院で禅仏法の本質を説くことはないし、また、それを説く僧も払底し、禅そのものが形式化の一途をたどっていると言って過言ではない。日本においても既にそうである以上、欧米における禅も恐らくは、道元禅師の只管打坐の禅は廃れ、形式禅的看話禅、つまり言葉にのみよる禅が跋扈することになるであろうことは確実である。

そして最後に私は「昨今、欧米で、なぜ禅が脚光をあびるのか？」という問題について、次のように発言した。

〈禅仏法は、東西を問わず、人類の「自己の存在とは何か」という古来からの命題に対して、言ってみればよく言われるように、近代文明の進歩によって、欧米のキリスト教的合理主義が突き当たった大きな壁を突き破り、解き明かすカギとして脚光を浴びているのだと考えられる。たとえば、欧米では、「自己（人間）とは何か」という回答に、「はじめに言葉ありき」あるいは「言葉は存在の家である」とし、言葉に「自我」に見いだすが、この「自我」は「宇宙のすべての存在に対立する存在」である。ところが、禅でいう「本来の自己」つまり「自己の存在とは何か」という「自己（人間）」とは、欧米のそうした言葉の中にしか自己を構築し得ない「自我」に対して、一面においては東洋的思考とされる、いわゆる禅宗の標榜する教外別伝・不立文字とされる言語を超絶した「無我」ということができ、ここでの「無我」は宇宙のすべてと一体で、あらゆるものから自在な存在、「随処に主たる存在」なのである。それ故にこそ、禅は、宗教、民族、国家といった小さな枠組みを超える叡智を具えているの

である。そこにこそ、欧米では、今、禅に真実の自己を見いだす新しい足がかりを期待しているのだと思われる〉

そのように発言したとき、聴衆のざわめきの中にそれなりのものを感じたのだが、それはあながち我田引水的自己過信とは言えない部分ではなかったか。

6　フランス共和国の宗教的中立

フランス人にとって、「禅」が「カトリック修道院」の一種の代替物になっているという点について触れてみたい。これは、フランスにおける国家の在り方、つまりフランス「共和国」の在り方を考えることになるからである。何故なら、フランス「共和国」とは、まず何よりも、宗教的中立によって定義される国家であり、「カトリック修道院の遠さ」はフランス共和国の在り方の根本に関わる事態だからである。

フランス人は、大革命によって「共和国」を創ったとき、公的場から宗教を遠ざけた。その場合の宗教とは、何よりまず「カトリック教会」であった。ただし、そうした「国家と教会の分離」の実現は、大革命以後、1世紀以上の期間を要したのである。たとえば、ごく最近、共和主義者（＝共和国主義者）の思想家レジス・ドゥブレは、欧米の主要国は「宗教国家」である、として、次のように言っている。

〈現在、世界には170ほどの主権国家があるが、そのうちの100以上の国家が宗教国家である。宗教から独立した国民は少数派で、しかも減少傾向にある。世俗化したと言われるヨーロッパ共同体において、宗教的中立原則は憲法原理であるとは必ずしも言えない。それはアメリカ合衆国やマルクス・レーニン主義という一種の国家宗教が支配した旧ソ連でも同じだ。スペインの公立学校には、あたりまえのことのように、十字架が飾られている。デンマークでも、脱キリスト教化したとはいえ、小学生は学校での1日を聖書の詩篇の朗読によって始めている。イギリス国教が国家宗教であるイギリスでは国家「ゴッド・セイブ・ザ・クイーン」が響き渡っている。ドイツでは、刑法166条によって、神を冒瀆する言葉を吐いた人間を罰することができる。この点は、宗教的寛容の国といわれるオランダも同じだ。サルマン・ラシュディの小説がドイツで出版されたのは、刑法147条にある『神に対する冒瀆的な言葉だけが処罰の対象になり、預言者たちに対するそれは罰せられない』という規定によっている。ちなみにフランスでは、神を冒涜する言葉は1791年に犯罪ではなくなっている〉（『思想としての〈共和国〉』みすず書房、5ページ）、と。

そしてさらに「フランス共和国の大統領は、この地上の人間によって投票・可決された憲法にかけて誓うが、アメリカ合衆国の大統領は、神に由来する聖書にかけて誓う」（同書、7〜8ページ）、と。こうした宗教的実体が欧米には厳として存在することを我々は明確に認識しなければならないのである。

7　宗教的中立のフランス共和国

フランス共和国におけるこの宗教的中立の原則が、いわゆる「世俗性（laicité ライシテ）」原則と言われるものである。重要な点は、宗教は公的領域からは排除されるが、私的領域では全面的に信教の自由が保障されるという点である。つまりこの原則は、

「宗教は阿片である」としていかなる宗教も認めないという共産主義的政策とは全く無縁であり、特定の宗教・思想、たとえばカトリックやマルクス・レーニン主義が国家を支配することを認めず、そのことによって私的領域でのあらゆる宗教に対する信教の自由を保障するものである。

要するに、フランスでは宗教的信者のうちの圧倒的な割合をカトリックが占めているにもかかわらず、フランス共和国という国家はカトリック教会にいかなる特権も認めず、そのことによって、プロテスタント、ユダヤ教、イスラム教、仏教などフランスでは少数派の宗教集団の自由をしっかり認めていることになる。ただし同時に、市民社会にとってきわめて危険なカルト集団に対しては、毅然とした態度を取っていることも忘れてはならないのである。

カトリック教会は、フランスの公的場から遠ざけられ、権利上他の諸宗教と同列に並べられて、なおフランスの市民社会と穏やかな関係を保つ必要に迫られ、「修道院的な瞑想生活」を市民生活から切り離してしまった。その結果、実際には、修道院の瞑想生活は、今でも営まれているのに、一般市民がそれに触れる機会はなくなったのである。つまりフランス共和国が、カトリックを公的場から遠ざけ、それとともに瞑想生活も市民生活から遠ざけられたあとの空隙を埋めるものとして求められたものの一つが「禅」的瞑想の部分であったともいえるのでなかろうか。

しかも、フランス市民がこのようにして「禅」を求めるとき、フランス共和国は、本質的に、「禅」に対してカトリックに対して与えるのと全く同様の自由を与えてくれるはずなのである。

そうしたことに関連して言えば、米国で長いこと開教師として活躍し、現在欧州総監部に勤める横山師が、私に「ヨーロッパの曹洞禅ついて」参考にといって送ってくれた文章の中に、国際禅協会の幹部各師は「『日本の伝統と同じようにしたい、我々はもっと学ばなければならない』と強く要望されたことに驚かされました。

アメリカにおける経験が長い私としては、伝統的なあり方を嫌うのではないかと思っていたが、『日本の伝統をそのまま受け入れ、数百年かけてフランスならフランスの文化と歴史がそれを消化し始めてフランス曹洞禅または仏教の伝統となる』という意見を聞き、アメリカとは全く異なることを深く感じた次第です」と感想を書き送ってくれた。

確かに、私自身も「道元禅師ご生誕800年記念」の1999年、スタンフォード大学で開催された「道元禅師シンポジウム」で、「アメリカ禅は、もう日本からは乳離れしなければならない」と主張する教授たちがいたことを思い出す。私は、「日本の曹洞禅から離れて、道元禅師の只管打坐の黙照禅から、安易なアメリカ的瞑想禅、言葉の禅にでもなるのですか？　それでは道元禅師の正伝の仏法は消えますね」と冗談交じりに言ったが、フランスではフランスの伝統と文化の中に禅を同化する意向が認識されるのである。ことほど左様に欧と米では文化の土壌が相異している。しかし、フランスでの禅も、よほど確たる禅知識の指導がなければ、単なる修道院的思想禅、瞑想禅になりはてるのは自明である。

こうした事実が、欧州での曹洞禅の布教の展開の可能性を考えるとき、他の欧米諸国と異なるフランスの特殊性となる。つまり、アメリカ本土の仏教の展開をアンテナショップ的存在としてハワイ仏教をみることがあるが、曹洞禅がフランスのパリに総監部を置くとき、曹洞禅を許容するフランスの特殊性を認識せず、欧州のアンテナショップ的存在とするならば大きな過誤を犯すことになる。

曹洞禅は、ただ諸々の諸宗教・諸宗派と横一線に並ぶのではなく、いわばフランス人の「こころの故郷」であるにもかかわらず、共和国によって遠くへ追いやられてしまったカトリックの核心部を取り戻したいというフランス人の要求に直截的に応えることに極めて重要な部分を担うことになるかもしれないからなのである。核心部とは「修道院的瞑想」である。共和国市民であるフランス人が「禅」へ向かうのは、自ら排除したカトリックの魂の取戻し作業かもしれないことを我々は確実に認識しておかなければならないのである。従って単なる形式的な僧堂の開単ではなく、弟子丸禅を凌駕する真の曹洞禅の真髄、只管打坐の実践がその場において現成しなければならないのである。

そしてその際重要なのは、いうまでもなく、日本曹洞禅が標榜する「只管打坐」の宗旨を、言葉を存在の家とする世界で、日本における曖昧な表現ではなく正確な言葉で、どのように表詮するかと言うことを常に根底から問いつめていかなければならないと同時に、その根底である禅知識の存在とそれに基づく師資の構築が根本からなされなければ、10年後、20年後、僧侶の数はいくら増えても、単なる禅を標榜しそれらしきものを演ずる仮装集団に過ぎないことになると思う次第である。

欧州での曹洞禅開教40周年にあたり、これまで維持に努められた皆々様のご辛苦を偲ぶと同時にご健闘を讃え、今後の曹洞禅の正しき進展と展開を心から祈念申し上げ、筆をおくこととする。

本稿は「仏教タイムス」平成19（2007）年6月7日号から同28日号まで「曹洞禅　展開の可能性―ヨーロッパ布教40周年を祝し」と題して全4回掲載。それにカットした部分を加えた。

第3章

ハワイ仏教管見

ある手紙

戦後いち早く渡米され、ハワイで永年にわたって日本仏教の開教師として過ごされた一老宿より、次のような手紙を頂戴した。

ハワイも雨期が明けて夏の暑さが帰ってきました。四月の花祭り、ハワイでは「仏陀の日」と言いますが、このころになると暑い夏の太陽になります。一九五〇~六〇年代には日系仏教徒が一万人以上毎年ワイキキのカピオラニ公園に集まってお釈迦様の降誕をお祝いしたものですが、今では千人に満たない仏教徒がハワイ仏教連盟主催の行事に参加します。その多くは白髪の二世で、中年層と子供の参加が少なくなりました。

昔、ハワイでは「釈迦の降誕を祝う」と言うことは「全仏教徒の喜び」という共通の感情があったのですが今はそれがなくなってしまいました。十万の仏教徒の署名を集めてハワイ州政府に四月八日を州の祝祭日にするよう州議会に圧力をかけた時代が遠く去ったことを感じます。

今年の仏陀の日の講演にハワイ大学の言語学部の部長が来て話をしましたが、世界の仏教徒の共通の意識として「DUHKHA」（※編集部注「苦」）を取り上げ、これがこれからのは世界中の人々の共通の意識になりうる可能性を語りました。

これからの仏教の布教は、もっと共通の基本理念を取り上げて一般仏教徒の生活信条になるようにしなければハワイの仏教は消えてしまうでしょう。勿論、これが全て英語でなされなければならない訳で、困難な課題を背負っています。ハワイには、昔、英国人の僧侶がいて、日頃、四諦の教えをハワイの社会に説いてくれていましたので、英語の仏教徒には「DUHKHA」が共通の意識として行き渡っていました。二世の仏教徒の活動が最盛期だったときのことです。

ハワイでは、日本からの宗派仏教が行きずまる日がくることは誰の目にも明らかなことですが、まだ意地の張り合いがあったりで、解決の道は簡単には開けません。怠りなく社会の変化を見据えていくのみです。

この手紙には、時代の流れと共に常に何らかの障害を受けそれに立ち向かい、そして今後とも常に新しい経験を強いられるであろう日本仏教の開教に携わってきた当事者としての苦悩が何げなく語られている。

その苦悩とは、すなわち、当然のことながら、米国ハワイにおいて全くの異国の宗教である日本の仏教が移民とともに渡り、ハワイの日系社会を中心に開教ほぼ百年を経て、二世の人々とともに隆盛を誇った過去から、三世中心の現在に至って見られる日本仏教の衰退を目の当たりにする焦燥。そしてまた、真にゆっくりではあるが判然としかも確実に、日本語世代ではない米語世代の四世へと移り変わる何となく先の見えない未来に対して、日本仏教はどのように対応すべきなのかといった重大な問題等々である。

ハワイの日本仏教

昨年（一九九一）の八月より今年（一九九二）の三月まで、私はハワイ大学の宗教学科の教授の一員として滞在させていただいた。ほんの短い期間ではあったが、幸運なことにハワイにおいて真摯に布教の任に当たっておられる多くの方々の知遇を得、ハワイの日本仏教の実態についていくらかを管見させていただいた。

ハワイという現場において、昼夜をおかず身命を賭して布教の任に当たっておられる開教師の方々にとっての思いは、今後の仏教はアメリカ社会にどのように適応していくかという点で共通していたように思う。換言すれば、現在のハワイでの〝仏教〟は、日本の既成仏教と同様に宗派仏教として存在はしている。が、それは一面では既に〝日本の〟という形容詞を必要としないほどに離れていて、それはまさに〝ハワイの〟仏教になりつつあるという実感を重い背景としながらも、なお、その上で、これまでの日本語族中心であった布教を、今後どのようにして米語族へ波及させるかという点である。つまり、仏教が今後、どのようにしてアメリカ社会の中で真に市民権を得て〝生き残っていくか〟ということがより切実な問題であった。

現在から将来に向けて、現実のハワイの仏教には種々様々な問題が極めて多いが、今は手紙にも見られた問題の二・三についてのみ触れながら、ハワイの仏教への感慨を含めて記してみたいと思う。

ハワイにおける日本仏教の歴史的基盤は、官約移民時代（一八八五～一八九四）の九年間から、呼び寄せ移民時代（一九〇八～一九二四）の一六年間に、日本の各宗派の開教師によって、主に移民の人々が働く砂糖耕地内の〝キャンプ〟と呼ばれる居住地での布教によって築かれた。

現在、ほぼ百年を経過した日本の既成の宗派仏教の現有勢力を、現在のハワイ仏教連盟に所属しているものを基準にし、その寺院数を示してみると、

◇本派本願寺(西本願寺)　三七ヶ寺
◇真言宗　一六ヶ寺
◇浄土宗　一五ヶ寺
◇曹洞宗　一〇ヶ寺

◇東本願寺　六ヶ寺
◇日蓮宗　五ヶ寺
◇天台宗　三ヶ寺

となる。

その信者の確定総数は不明である。だが、各宗派の〝別院〟は別として、各寺は平均して、ほぼ一五〇〜二五〇の檀家（ファミリー）をもつとすれば、ハワイの日系の人口はほぼ二五万人といわれるので、その内の二五％ほどが潜在的な信者を含めた仏教徒の総数であると類推される。

祖先崇拝の踏襲と個人化

日本仏教の特質の一つは、中国において儒教を背景に培われた祖先崇拝を伴う仏教が日本に伝来し、神道とも習合・融合・共存し、結果として祖先崇拝が最重要行事となっていることである。

ハワイの仏教各寺院において行われている葬儀・年忌法要・祖先供養等の内容は、その行事の仕方に幾分かの違いがあるとはいえ、一応は現今の日本の各宗派独自の教義にのっとった行持・儀礼をそのまま踏襲している。

従来の日系の人々にとっては、家族の祖先祭祀をそのまま実行するためにお寺が存在し、さらに葬式・法要は日本と全く同じに家族単位に行われたのである。それは日本文化そのもので、仏教のありかたの説明をことさらに必要とはしなかった筈である。それ故、当時の開教師達、つまり、日系の二世代までを布教の中心としていた方々は、それなりの苦労は当然あったであろうが、今日の開教師が直面している苦労というものはなかったであろう。

ところが、現在、ハワイでは従来のそうした日本仏教の伝統を守るべく単位が〝家〟から〝個〟へと大きく変貌してきている。先日のロスの暴動を契機に、今度は逆にあまりにも行き過ぎた〝個〟の反省から、従来の良きアメリカの〝家〟へという保守化への回帰が一部では叫ばれはじめてはいるのだが……。

自分たちの悲しみを表現しえない退屈極まりない葬式に臨み、その遺族はその意義の分からない戒名を欲しがらず、先祖の位牌すらも遺骨とともに共同墓地に埋葬してしまう例などが出現してきているのはその典型である。

勿論、こうした変貌の背景には、自由の国アメリカの合理的な民主主義、個人主義的な思考が厳然として存在することは自明である。が、その奥底には、ハワイの日系の社会といえども、もはや日本語が通ぜず、日本の文化伝統が理解できない新しい社会が作り出されているという現実が存在する確かな事実を語ってあまりある。

日本語から米語へ、日本の伝統文化の喪失

こうして日本文化の伝承を担う日本語の風化は、ハワイにおける日本の伝統文化の喪失、日本仏教の崩壊の一端を意味する。日本語から米語へ変貌、それは日本のパールハーバー攻撃を契機として急激になされたことは言うまでもない。そして当時、日本文化の象徴でもあった寺院がその変貌の片翼を担ったのもまた、ハワイにおける日

系社会の歴史的事実である。

ともあれ、現在ハワイでは、日本文化を支えて来たその日本語を理解できない人々が日系寺院を支えざるをえなくなってきているので、そこには過去においては考えられないような問題が現出して来ているのである。

さる寺院では、いわゆる檀信徒（メンバー）の権力が強くて、住職は単なる雇われマダム的な存在に過ぎない、等というのは、過去における住職とメンバーとの様々な軋轢があっての、メンバーの自衛の手段とも思えないことはない。が、いずれにしろ、ハワイの寺院では運営のすべての権限はメンバーに握られているのが現状である。そこでは住職としてまた開教師として、いわゆる宗教家としての資質と情操すらが厳しく問われている。因みに、現在の仏教寺院のメンバー（信徒）と呼ばれている人々は、それが全てではないにしろ家族単位であるよりは個人単位である。さらに言えば、英語の話せる真の開教師の不足は慢性化し、そうした開教師の養成は叫ばれて久しいのであるが何ら進展を見せていないのが現状である。

警句〝ハワイの日本仏教は死につつある〟

〝ハワイの日本仏教は死につつある〟と言明したのは、私のハワイ滞在中の保証人となり親身になって世話をしてくれた親友であるハワイ大学宗教学科のジョージ・タナベ博士である。

この言葉は一九八五年に発行された〝SPRING WIND〟と称する機関紙に掲載された、博士の〝The Deth & Renewal of Japanese Buddhism in Hawaii〟という論文の冒頭を飾る言葉である。

今、私はその論文の論旨の一々をここで云々する暇を持たない（場を改めて紹介したいと思う）。けだし、この言はハワイで生まれ育った日系の三世として、永年日本仏教に携わって来た教授の言であるので、それはまさにハワイにおける日本仏教の現状を直視した重き発言だといえる。

従来の、ハワイの日本仏教は、米国という多民族国家の中でも、特に日系米国人の中においてのみ展開してきた結果、今日においても多くの経典・儀礼は日本語のままである。従って、日本語のみでしか通じない場合が多く、結果、米語しか話せない三世・四世の日系人の多くの信徒の寺離れ現象が進み、その回帰を期待して必然的にかなりの部分で、多くの問題を含みながらも米語化・アメリカナイズされて来てはいる。因みに、ハワイにおける大きな教団ほど、組織だった布教のマニュアル化の傾向が顕著であり、弱小教団ほどその度合いが少なく、どちらかと言うと開教師個人の個性に頼る傾向が多分にある。

もし、日本の僧侶で、ハワイの仏教は日本の仏教の移入であるから、ハワイには日本の仏教が定着しているなどと思い、日本の宗派仏教の行持をそのままハワイにて行えば事足りると思っている方々がおられるとしたならば、それはとんでもない誤解である。ハワイ仏教をそのように見る限り、今後はますます、日米間の仏教を巡っての対立と軋轢、さらに誤解を生じ、そのミゾはさらに深まって行くに違いない。

私自身は、ハワイの主だった寺院を管見するのみで、ハワイ各島に点在する個々の寺院について実地にその全てを調査したわけではないので断言はできない。が、〃ハワイでの日本人の習俗としての日本の宗教宗派〟は既に風化しつつあり、そのかわりに、そこにはハワイの仏教も育ちつつあると言うのが、ハワイでの偽らざる実感であった。

日曜聖集、寺院様式と受け念仏

アメリカでは言うまでもなく、一二月二五日のクリスマスは国民的祝日であり、四月八日は決してアメリカの国民的祝日には成り得ない、まさにキリスト教大国である。ハワイでは、手紙にも見られたように、過去においてはその日を祝祭日にという運動がなされたのではあるが……。

今後、そのような中で仏教が真に生き延びていくには、過去百年の重き歴史以上の大変な努力と苦労があるであろう。

ハワイの仏教が、過去において試行錯誤を重ねながらも、日本の寺院とは異なった信仰の日常化と深化を進めてこられたのは、キリスト教会の〝日曜礼拝〟にならい、日曜ごとに信徒が寺に集まって読経し、聖歌を歌い、法話を聞くという〝日曜聖集〟を各寺院が実施したことである。それは今日に至るもハワイの各寺院において踏襲されて行われてはいるのである。

さらには、寺院の建築様式がその一端を担ったことも推察される。今日、ハワイの仏教各宗の寺院に参拝してみれば、その外観は種々様々な形態はとっているが、その内部の様式のほとんどは、正面の祭壇を変えれば、それはまさにキリスト教教会の内部のそれの模倣であることは一目瞭然である。

さらに、ハワイにおいて、浄土真宗本願寺派が圧倒的な寺院数と信徒数を誇る（勿論米本土においてもそうである）のは、当初の移民の人々の出身地の影響も当然ある。が、仏教行持の仕方をいち早くキリスト教のそれに倣ったことにあろう。例えば、キリスト教の世界で言う〝ツーウエイ・コミュニケーション〟と呼ばれる方法をいち早く取り入れ、いわゆる〝受け念仏〟を浸透させたことは、布教する側と受ける側との親密な関係をもたらす上で欠く事のできない方法だったと言えよう。説教者側の〝ナンマンダブ〟に対して、〝ナンマンダブ・ナンマンダブ〟と呼応するあれである。それは、説教者側の説教が決してワンウエィではないことを示している。さらに、いまでこそ、各宗派、こぞってそれぞれの宗歌がオルガンを伴奏として歌われているが、宗歌を聖歌と同様にハモンドオルガンを伴奏として英語で謳わせたことはさらに大きな意義を持ったのである。

〝受け念仏〟は今日、キリスト教の〝アーメン〟もしくは〝オーイエス〟あるいは〝ハレルヤ〟等と同じ語感感覚をもって日常使われている。オルガンの演奏を伴う宗歌は、永い伝統を持つキリスト教の日曜日の全員で歌う賛美歌の迫力には到底及ばないにしても、米語世代の三世・四世の若い世代にも通用する旋律と相俟って新たな伝統を築きつつあるほどに浸透しているのは見逃せない事実である。因みに、本派本願寺において見事なオルガンを演奏していたのは、ハワイ大学数学科の勿論日系の女学生であった。

そのように時代とともに変遷した寺院様式、さらには布教のノウハウのキリスト教化、また従来の家族の宗教から個への宗教への変貌へと、徐々にではあるがハワイにおける日本仏教は、その変化に対応し適応して来たのである。

米語への対応と坐禅の場

そうした、ハワイ独自の開教の歴史を見ても、ハワイには当然ハワイ仏教独自のやり方・あり方があってしかるべきである。特に、ハワイ開教師はその一部でもハワイで養成する必要がある。また、ハワイ仏教は、日本仏教の日本でしか意味をなさない形骸化した伝統儀式にこだわらず、儀式の簡素化、特に特定の経典類のできる限り理解しやすい米語への転化等は早急に果たしていくべきであろう。そうした地道な一歩こそが、現在のハワイの仏教が大きく脱皮し、国際舞台に飛躍する糧になるであろう。が、こうした古くて新しい、ハワイ仏教の重擔は、誰しもが気づいている問題であるからこそ、それは次の世代の宿題ではなく、現今においてこそ真摯に対応し解決されなければならない問題なのである。

それにつけても、我が曹洞宗について一言すれば、米国人の師家が米国人のための〝坐堂〟をもっているのに、ハワイで、〝曹洞宗〟を冠する寺院が、〝只管打坐〟を標榜する日本曹洞宗の流れを汲むものであるとするならば、地方寺院は別としても、せめて〝別院〟と称する寺院ぐらいには、種々様々な事情があるにせよ、まやかしではないきちんと坐禅のできる〝僧堂〟があってしかるべきだろうと思う。

因みに、筆者のハワイ滞在中、曹洞宗は〝坐禅〟という素晴らしい教化手段を持っているのに、何故それを使用しないのか、とは他宗派の開教師の方々によく揶揄的に言われたことがある。

ところで、現在、ハワイ仏教連盟に属していない日系の仏教団体は次のような極めて多彩である。

仏教系宗教団体は、

◎浄土真宗親鸞会ハワイ支部　◎弁才天弁天宗ハワイ教会　◎菩提寺教団　◎真

如苑ハワイ　◎ハワイ別院蔵王寺　◎アメリカ日蓮正宗　◎東大寺ハワイ別格本山　◎立正佼成会ハワイ教会　◎阿含宗ハワイ　◎臨済宗超禅寺（国際禅道場）◎和宗四天王寺　◎ハワイ解脱教会　◎本門仏立宗ハワイ別院　◎ハワイ信貴山別院　◎真言宗智山派総本山智積院ハワイ別院　◎臨済宗妙心寺派ハワイ花園妙心寺開教院

がある。

そして、さらにその他の日系の宗教団体は、

◎ハワイ日系キリスト教会（約二一教会）　◎神社（約七ヶ社）　◎世界救世教ハワイ教会（六布教所）　◎PL教団　◎天理教ハワイ伝道庁（三七教会・三六布教所）　◎生長の家ハワイ（二布教所）　◎天照皇太神宮教ハワイ州支部　◎天神教ホノルル支部　◎ほんぶしん・ハワイ甘露の里　◎大世自神霊宗　◎崇教真光ハワイ小道場　◎金光教ハワイ教務所　◎幸福の科学

等々、実に多くにのぼる。

何故、ハワイには日系の宗教団体がこれほどあるのか、仄聞するところによれば、それはハワイをそれぞれの宗教の伝道の実験場として、米本土進出への足掛かりとしているからだと言われる。

それは、日本仏教の海外布教の歴史的原点であることをいみじくも明示しているのである。

仏教は市民権を得られるか

ハワイには〝ハワイ仏教連盟〟があり、これは、先に見た、本派本願寺・東本願寺・浄土宗・真言宗・日蓮宗・天台宗・曹洞宗の七宗派で構成され、その組織は日本では想像できないほどに極めて機能的で相互に協調しあって共通の目的に取り組んでいる。例えば、毎年の花祭り・成道会・研修会、あるいは信者を交えた懇親会等々の数多くの活動を通して、宗派の壁を越えて仏教全体を盛り上げて行く努力がなされているし、東西文化の交流の場としてのハワイという地が生かされ、日本以外の仏教国の人々との交流も積極的に進められているのである。

ハワイにおけるこれらの仏教独自の共通の理念、例えば、〝DUHKHA〟などの問題、ハワイでの真の開教師の養成の問題、さらにはハワイ仏教独自のパフォーマンスとして、人間の宗教心・感性に訴えるものの模索等々を含めて討議されることを大いに期待したい。日本において不可能ではあってもハワイにおいては大いなる可能性を秘めているからである。そうしたことで、各宗派が協力することはその宗派の独自性を失うことでは決してない。むしろ、ハワイにおいても、今後各宗派が存続するということは、仏教には八万四千の法門という多様性と幅広い選択の場のあることを証明して見せていることにもなるのである。

ハワイ仏教のこれからの体験は、外ならぬ仏教がキリスト教社会において真に市民権を得るか否かが如実に問われる。日本においてのアンテナショップ的役割をも担うのである。さらに言えば、現代日本に見られる、つらい修行や堅苦しいお説教はさておき、ハイテクを駆使し極く手軽に宗教気分を味わおうとするトレンドに対して、日本仏教がどのように対応して行くかというある面で道標でもある。

ハワイの仏教は、既に〝開教百年も経過した〟とよくいわれる。しかし、それはまた同時に〝開教してたったの百年にしか過ぎない〟ことも意味するのである。

十年後、ハワイ仏教はどう展開しているのであろうか。とくに曹洞禅はその非思量の只管打坐の禅風をどう展開するのであろうか。一時しのぎの癒しの禅であったり、言葉を羅列する形だけの禅では意味をなさない。


本稿は、『駒澤大学佛教學部論集第二十三号』（平成四年十月三十一日）所収の在学研究報告「ハワイ大学にて」のうち、第二章「ハワイ仏教」を収録。なお、この一部は平成４（１９９２）年６月から７月にかけて「仏教タイムス」に連載（４回）された。

本文にもあるように大谷氏は１９９１年８月から１９９２年３月までハワイ大学宗教学科の客員教授を務めた。

小見出しは編集部が追加した。

あとがき

もう10年の歳月が過ぎたのか。

『週刊仏教タイムス』の工藤信人氏から2年前に同紙に連載した「道元禅師の周辺にて」を終了したとき、これを中心に他のものを含めて一冊にしませんか、と言われてそのままにしていたのですが、今回、一冊にまとめるにあたり、今年5月、曹洞宗はフランスの禅道尼苑でヨーロッパ布教50周年の記念法要を釜田隆文宗務総長自ら渡仏し、盛大に営まれたことを仄聞し、真に慶賀至極に思い、ヨーロッパ布教40周年のとき、同紙に依頼されて執筆した旧稿を読み直して、そういう気持ちになりました。

十年一昔と言いますが、確かに時間は経過し、その間熱心な国際布教師の皆さんのご努力によって人数は増え、教団としての体を成しているように見受けられます。しかし曹洞禅のヨーロッパ布教の実態はそれほど変わっていないとも感じました。聖書に「はじめに言葉ありき」、さらには現代哲学の実存主義ではサルトルが「言葉は存在の家である」と言明しているように、欧米社会では常に言葉（言語）による説明が求められます。黙照禅の曹洞禅、つまり単なる習禅ではない非思量としての只管打坐の世界とはだいぶ異なります。かといって言葉で説明しないわけにはいきません。だからといって言葉による形ばかりの修道院的思想禅、瞑想禅あるいは言語禅が広まったとしても、それは曹洞禅とはかけ離れたものでしょう。

今年はルターによる宗教改革から500年だそうです。プロテスタントとカトリックの間にはしばしば対立や緊張関係がありましたが、曹洞禅がそうした世界に浸透していくとしたら、おそらく100年、いや200年以上の歳月が必要となるでしょう。そうすると、ヨーロッパ布教40年、50年というのは入口に過ぎません。道元禅師の教えが時空を超えて日本中に広まったように、ヨーロッパ布教に尽力した先人たちの蒔いた種がこれから先、芽となり、花となって咲くでしょう。そのためには言葉でも説明でき、同時に坐禅を指導できる行学一如の精神を欠いてはなりません。まさに「一箇半箇の接得」が期待されるのです。それが第2章「曹洞宗ヨーロッパ布教四十年」

の感慨でありその趣旨です。

日本人は、「極める」ことに熱心な民族です。その極める精神を「道」に集約しているのは誰しもが知っている事実です。が、その「道」が「仏道を極める」その「道」に由来していることは、誰しもが認識しているとは言えません。そして、その「仏道を極める」ことにその生涯を燃焼し続け、はてしなき求道の旅路をたどり、現代日本の、日本人が矜持とすべき「求道」という日本の精神文化の一端を形作ったのが道元禅師です。では、その生涯にわたる、あくなき、はてしなく、燃焼し続ける「求道の精神」はどのようにして形成されたのでしょうか。この根源を探る端緒、それへの問いかけが第1章「道元禅師の周辺にて─あくなき求道心─」でもあります。

道元禅師の生涯は、他の祖師方に比べてしばしばドラマがないと言われますが、両親の死や栄西禅師、明全和尚、そして天童如浄禅師との邂逅があり「ついに如浄禅師に参じて一生参学の大事ここにおはりぬ」というところに辿り着くまでさまざまなドラマがありました。道元禅師の若き時代は仏法の大事を極めるために、師を求め続けた旅でもありました。『正法眼蔵』に「我逢人（われ、人に逢うなり）」とあります。道元禅師は実に多くの人と出合いますが、真実の正師との出合いということがこの言葉には込められています。

道元禅師は天童如浄禅師に出合って印可を得て、「伱《なんじ》、求法の志操あるは、吾が懽喜するところなり。洞宗の託するところは、伱、すなわち是なり」と正伝の仏法を託されます。そこにいたる最初のきっかけこそが、栄西禅師との相見なのです。相見がなかったという論者がいますが、人との縁を大切にされ、『永平広録』にある2度の忌辰上堂をみると、相見はなかったなどと結論づけることはできません。皆さまも、人との縁を大切にしていただければと思います。

本書に収めたものは過去に『仏教タイムス』に連載した原稿が中心ですが、それには当時の紙面の都合で載せきれなかった部分を少しく補正しました。第3章「ハワイ仏教管見」はハワイ大学滞在中の報告を『駒澤大学佛教学部紀要』に載せたものからの抜粋です。なお、第4章としてスタンフォード大学での「道元シンポジュウム」を載せる予定でしたが都合により次回といたします。

今回上梓するに当たっては、『週刊仏教タイムス』の工藤氏から曹洞禅への確かな認識と筆者の多忙にかまけての怠惰心を克服してくれる熱心な慫慂がなければとても契うものではありませんでした。衷心より感謝申し上げる次第です。

平成29年（2017）7月

著者記す

【著者紹介】

大谷哲夫（おおたに・てつお）

昭和14（1939）年東京生まれ。

早稲田大学卒、同修士課程修了（東洋哲学）。駒澤大学大学院博士課程満期退学。

専門は禅学、特に曹洞宗学『永平広録』の参学。

駒澤大学仏教学部教授、29代学長、28代総長、都留文科大学理事長を歴任。

平成25年、曹洞宗総合研究センター所長に就任。

現在、東北福祉大学学長。

著書に映画「禅（ＺＥＮ）」の原作となった『永平の風』（文芸社）、『祖山本　永平広録　校注集成』（上・下2巻）『卍山本　永平広録　校注集成』（一穂社）、『永平広録』の訳注シリーズ『道元「永平広録」』（全4冊、講談社学術文庫）『道元「宝慶記」』（1巻：同）など。

東京都新宿区の長泰寺住職。

道元禅師の周辺にて

平成29（2017）年 9月1日　発行

著　者　大谷哲夫

発行者　山崎龍明

発行所　仏教タイムス社
〒162-0843　東京都新宿区市谷田町2-7　東ビル6階
電話 03-3269-6701　FAX 03-3269-6700
info@bukkyo-times.co.jp
http://www.bukkyo-times.co.jp/

印　刷　平文社

ISBN978-4-938333-07-2